ビジネスパーソンのための
「物流」基礎知識

物　流
森 隆行 著
と
SDGs

同文舘出版

はじめに

　2015年9月、SDGsが誕生しました。今日、新聞でSDGsやESGという言葉を目にしない日はないくらいです。書店に行けばSDGsに関連する書籍があふれています。

　SDGsは、Sustainable Development Goalsの略で、「持続可能な開発目標」と訳されています。2015年決定の国連文書に織り込まれた「持続可能な開発のための2030アジェンダ」の概念です。2030年を目途とした17の目標と169のターゲットから構成されています。国連加盟の193か国の合意で決まりました。世界のあらゆる国でSDGsの目標達成に動き出しており、世界の大きな潮流となっています。日本も例外ではありません。政府、自治体はもちろん、企業や個人も含めたすべての関係者がSDGsに向けて動き出しています。SDGsはメガトレンドといってもよく、その流れはもはや変えられないものとなっています。

　かつてはCSR（Corporate Social Responsibility：企業の社会的責任）が、大きく取り上げられました。現在、企業活動においてCSRは当然と考えられるようになっています。企業と社会の関係はCSRからSDGsへと変わりました。SDGsの誕生は、国際社会や経済のルールが大きく変わったことを意味します。社会と企業の関係はSDGsの時代になったといえます。

　また、投資家はESG、つまり、環境（Environment）、社会（Social）、企業統治（Governance）を重視しています。そして投資判断の指標としてSDGsへの対応を使うようになっています。SDGsとESGは深い関係にあります。このため、あらゆるステークホルダーがSDGsに注目しています。企業経営にとってSDGsを無視することはできない時代になっています。これまで、人権や環境問題への対応は、NPO、NGOや政府の役割だと考えられてきましたが、SDGsがクローズアップされている現代は、企業が主役になったといえます。

　このように企業にとって、「持続可能な社会に向けた経済活動」は、世

界の大きな流れとなっています。企業は、消費者・顧客と投資家・金融機関の両面から持続可能な社会の実現に向けた行動を求められています。企業にとって単に社会貢献や慈善活動ではなくビジネス戦略です。

すでに、日本の多くの企業が自社のホームページや決算報告書において、SDGsへの取り組みを積極的にアピールしています。しかし、現段階でそうした取り組みをしているのは大企業に限られているようです。中小企業の経営者の多くは、「SDGsという言葉は耳にするが、よく意味がわからない」「SDGsの意味は何となくわかるが、企業として何をどうすればよいのかわからない」といった状況だと思います。

世界全体がSDGsに取り組む中で、この流れに乗り遅れることは大きなリスクです。逆に、SDGsへの取り組みをいち早く自社の戦略に組み入れることで、競争優位を確立することができます。いい換えれば、SDGsへの取り組みは大きなチャンスです。

物流産業も例外ではありません。SGDsの17の目標のうち、物流に深い関係のある目標は12あります。17の目標の半分以上に関係するのです。つまり、SDGsと物流は深い関係にあり、物流業界においてSDGsへの取り組みは大きなビジネスチャンスとなります。これをチャンスにするためには、積極的にSDGsに関わることが重要であり、そのためには、まずSDGsと物流の関わりを知り、理解することが必要です。

SDGsの目標を基に章を立てて、それぞれに事例を紹介していますが、企業の取り組みはそれぞれ完全に独立しているわけではありません。ひとつの取り組みが、複数のSDGs目標に関係しているのが普通です。また、SDGsに対応することは「2024年問題」への解決にもつながります。

本書が、物流業界だけでなく、物流に関係する方々、なかでも中小企業の経営者、物流担当者の方々がSDGsを理解し、実践するために少しでもお役に立てることを願うものです。

2023年4月　森隆行

ビジネスパーソンのための「物流」基礎知識
物流とSDGs　もくじ

第2章　目標1「貧困を終わらせる」・目標2「飢餓をなくす」と物流

第3章　目標5「ジェンダー平等」と物流

第4章　目標7「クリーンエネルギー」と物流

第5章　目標8「働きがいと経済成長」と物流

第6章　目標9「技術革新」・目標10「人・国の平等」と物流

第7章　目標12「製造・使用責任」と物流

第8章　目標13「気候変動」と物流

第9章　目標14「海の豊かさを守ろう」と物流

第10章 目標15「陸の豊かさを守ろう」と物流

第11章 目標17「パートナーシップ」と物流

カバーデザイン　三枝未央
本文デザイン・DTP　RUHIA

第1章

SDGsの基礎知識

SDGsはビジネスにおいても引き返せない大きな潮流になっています。物流事業者にとっても避けて通ることはできません。ここでは、SDGsとはそもそも何なのか、その概要を示します。また、そうした中で、物流事業者あるいは物流に携わるすべての関係者がどのようにSDGsに関わることが可能なのかについても触れてゆきます。

1 SDGsとは？

　SDGsは、Sustainable Development Goalsの略で、「エスディージーズ」と発音します。日本語では「持続可能な開発目標」と訳されています。

　国連の「持続可能な開発サミット」（2015年9月、ニューヨーク開催）で161の加盟国首脳の参加のもと、その成果文書として、「我々の世界を変革する：持続可能な開発のための2030アジェンダ」として採択された文書の一連の目標とターゲット（解決すべき課題）のことです。そこには、17の目標（Goals）と169のターゲット（Targets）が記されています。

　目標達成のためには、「経済」「社会」「環境」の3要素が調和していることが重要です。今、注目されている「カーボンニュートラル」といった環境SDGsとは、わかりやすくいえば、持続可能な社会を実現するために、2016年から2030年までに私たちが取り組むべき目標を具体的に示したものです。

●SDGs誕生の経緯

　2000年の国連サミットで「国連ミレニアム宣言」が採択され、「MDGs（Millenium Development Goals：ミレニアム開発目標）」がまとめられました。主として途上国の問題を解決するための8つの目標でしたが、期限の2015年までに達成できなかった問題や新たな課題がありました。そこで、MDGsの後継としてSDGsが2015年の国連加盟国の全会一致で採択されました。つまり、SDGsの前身はMDGsです。SDGsには、気候変動、雇用や労働、格差是正、平和など新たな項目が追加されました。また、MDGsが途上国主体、国際機関などが重視されていたのに対して、SDGsは先進国も対象となり、企業の役割が重視されるなどの違いもあります。

MDGsの8つの目標

目標1
極度の貧困と
飢餓の撲滅

目標2
初等教育の
完全普及の
達成

目標3
ジェンダーの
平等の推進と
女性の地位向上

目標4
幼児死亡率の
引き下げ

目標5
妊産婦の
健康状態の
改善

目標6
HIV／エイズ、
マラリア、
その他の疫病の
蔓延防止

目標7
環境の
持続可能性の
確保

目標8
開発のための
グローバル・
パートナー
シップの構築

MDGsとSDGsの違い

MDGs
(Millenium Development Goals)

途上国主体・国際機関重視

- 開発目標 2001〜2015 年
- 8ゴール・21 ターゲット
- 途上国の目標
- 国連の専門家主導で策定

SDGs
(Sustainable Development Goals)

先進国も対象・企業の役割重視

- 開発目標 2016 〜 2030 年
- 17 ゴール・169 ターゲット
- すべての国の目標
- 国連全加盟国で交渉
- 企業の役割重視

2 SDGsの構造

●SDGsの構造

SDGsには「持続可能な開発」を実現するために17の「Goals（目標）」と、課題解決のための169の「Targets（ターゲット）」、およびこれらの目標の達成に向けて、進捗状況や成果を測るための232の「Indicators（指標）」が設定されています。このようにSDGsは３層構造になっています。

● ３層（目標・ターゲット・指標）の役割

17の目標は大きな目標であり、抽象的です。それを具体的な表現で示すのがターゲットです。その目標やターゲットを具体的な目標値や達成度を数値化し、進捗状況をわかりやすくするのが指標です。

● ３層構造の例—目標１（貧困をなくそう）

目標１を例に、３層構造を説明します。目標１では、「貧困をなくそう」と、総論的、抽象的表現です。目標１には、1.1-1.5の５つのターゲットがあります。1.1では、2030年までに極度の貧困と定義される、「１日1.25ドル未満で生活する人々」をなくすと具体的なターゲットが示されています。１日1.9ドル未満で暮らす人々を国際貧困ラインとしています。

国際貧困ラインに相当する貧困層の数は、2015年現在で７億3,500万人です。これは全人口77億人の約10%に相当します。設定したターゲットに対しての成果、つまりどれだけ極度の貧困の数が減ったかを具体的に測り、進捗状況を説明したものが指標です。具体的には、指標1.1.1には、「国際的な貧困ラインを下回って生活している人口の割合（性別、年齢、雇用形態、地理的ロケーション（都市/地方）別）」と記載されています。

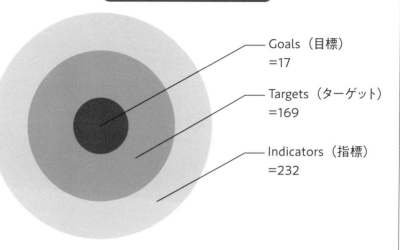

SDGsの目標を示す3層構造

Goals（目標）
=17

Targets（ターゲット）
=169

Indicators（指標）
=232

目標1を例にした目標・ターゲット・指標の関係

目標1
貧困をなくそう

ターゲット 1.1-1.5
1.1　2030年までに極度の貧困
（1日1.25ドル以下の生活者）を
なくす

指標 1.1.1
国際的な貧困ラインを下回って生活している人口
の割合（性別、年齢、雇用形態、地理的ロケー
ション（都市／地方）別）

3 SDGsの17の目標と5P

○SDGsの17の目標

SDGsには、「持続可能な開発」を実現するための17の目標が設定されています。目標を達成するためには、環境を守っていくこと（環境）、社会的に弱い立場の人も含め、一人ひとりの人権を尊重すること（社会）、経済活動を通じて富や価値を生み出していくこと(経済)、の3つを調和させることが必要です。そのために右の通り、17の目標を掲げています。

目標1 あらゆる場所のあらゆる形態の貧困を終わらせる

目標2 飢餓を終わらせ、食料安全保障及び栄養改善を実現し、持続可能な農業を促進する

目標3 あらゆる年齢のすべての人々の健康的な生活を確保し、福祉を促進する

目標4 すべての人々に包摂的かつ公正な質の高い教育を提供し、生涯学習の機会を促進する

目標5 ジェンダー平等を達成し、すべての女性及び女児の能力強化を行う

目標6 すべての人々の水と衛生の利用可能性と持続可能な管理を確保する

目標7 すべての人々の、安価かつ信頼できる持続可能な近代的エネルギーへのアクセスを確保する

目標8 包摂的かつ持続可能な経済成長及びすべての人々の完全かつ生産的な雇用と働きがいのある人間らしい雇用(ディーセント・ワーク)を促進する

出所：国際連合広報センター

目標9　強靱（レジリエント）なインフラ構築、包摂的かつ持続可能な産業化の促進及びイノベーションの推進を図る

目標10　各国内及び各国間の不平等を是正する

目標11　包摂的で安全かつ強靱（レジリエント）で持続可能な都市及び人間居住を実現する

目標12　持続可能な生産と消費形態を確保する

目標13　気候変動及びその影響を軽減するための緊急対策を講じる

目標14　持続可能な開発のために海洋・海洋資源を保全し、持続可能な形で利用する

目標15　陸域生態系の保護、回復、持続可能な利用の推進、持続可能な森林の経営、砂漠化への対処、ならびに土地の劣化の阻止・回復及び生物多様性の損失を阻止する

目標16 持続可能な開発のための平和で包摂的な社会を促進し、すべ
ての人々に司法へのアクセスを提供し、あらゆるレベルにお
いて効果的で説明責任のある包摂的な制度を構築する

目標17 持続可能な開発のための実施手段を強化し、グローバル・パー
トナーシップを活性化する

○5P

SDGsの17の目標は、5つの分野に分類することができます。その英語
の頭文字がすべてPで始まるので5Pというわけです。

①**人間（People）**：すべての人間が潜在能力を発揮することができる

②**豊かさ（Prosperity）**：すべての人間が豊かで満たされた生活を享受
することができる

③**地球（Planet）**：地球を破壊から守る

④**平和（Peace）**：平和的、公正かつ包括的な社会を育んでいく

⑤**パートナーシップ（Partnership）**：このアジェンダの実現に必要な
手段を、グローバル・パートナーシップを通じて動員する

SDGsの17の目標の5分類

①人間（People）
→SDGs の目標1、2、3、4、5、6

②豊かさ（Prosperity）
→SDGs の目標7、8、9、10、11

③地球（Planet）
→SDGs の目標 12、13、14、15

④平和（Peace）
→ SDGs の目標 16

⑤パートナーシップ（Partnership）
→ SDGs の目標 17

4 SDGsへの取り組みの必要性

● なぜSDGsに取り組まなければならないか

　なぜ、SDGsに取り組まなければいけないのか、疑問に思っている方も多いと思います。そこで、SDGsに取り組んだ場合のメリットとデメリット、つまりSDGsに取り組まなかった場合のリスクを考えてみましょう。

　SDGsに取り組んだ場合に、どのようなメリットが期待できるでしょうか。まず、企業イメージが向上します。その結果、株主、取引先、消費者、従業員、地域社会、金融機関などあらゆるステークホルダーから信頼され、つながりが強化されます。金融機関や投資家からの借り入れが有利になり、採用面でもよい影響が期待できます。新規ビジネスのチャンスも生まれるかもしれません。近年、サステナビリティ・リンク・ローン（SLL）という事前に設定された目標の達成に応じて金利が変動する融資の仕組みを取り入れる金融機関も出てきています。

　逆に、SDGsに反する行動をしているとみられると、投資家や消費者が離れてゆきます。企業イメージが悪くなり、採用にも悪影響を及ぼすことになります。実際に不買運動に発展したケースも少なくありません。例えば、1997年にNIKEのインドネシアやベトナムの下請け工場で日常的な児童労働が発覚しました。就労年齢に達していない少女達が低賃金（時給約17セント）で強制的に労働させられ、少女達への日常的な強姦や尊厳を傷付ける行為が横行していたというのです。工場労働者のストライキが発生し、悪評は瞬く間にメディアやインターネットで拡散し、世界に知られることになりました。その結果、世界的な消費者の不買運動（反ナイキ・ボイコット・キャンペーン）が発生しました。

　また、最近では、新疆ウイグル自治区の少数民族をめぐる人権問題から、

SDGsに取り組むことのメリット・デメリット

メリット

- ☑ 企業イメージ向上
- ☑ ステークホルダーとのつながり強化
- ☑ 信頼獲得
- ☑ 新規ビジネスのチャンス
- ☑ 生存競争での競争優位
- ☑ 資金調達が有利に（ESG 投資）

デメリット

- ☑ 取引の縮小（SDGs に反する行動をとる 企業は取引から外される）
- ☑ 不買運動など消費者から見放される
- ☑ 採用への影響
- ☑ 資金調達上不利に

ここで生産される綿花などの原材料や加工品を使用する企業のことが大きな問題として取り上げられています。

●中小企業こそSDGsへの取り組みが必要

SDGsへの取り組みの多くは、現在のところ大企業です。新聞の一面広告やテレビのCMでもSDGsへの取り組みを宣伝しています。

中小企業のSDGsへの取り組みは、まだまだわずかです。しかしながら、製品がSDGsの目標に沿ったものであるためには、先の新疆ウイグル自治区の例を挙げるまでもなく、原材料や生産過程、流通過程のすべてがSDGsの目標に沿ったものでなければなりません。**いい換えれば、サプライチェーン全体においてSDGsに取り組む必要がある**ということです。これは、**すべての取引先にSDGs対応が求められる**ということを意味します。

2021年6月、ドイツ連邦参議院(上院)は、「サプライチェーン・デューデリジェンス法（Lieferkettensorgfaltspflicht engesetz, LkSG）」を承認しました。「デューデリジェンス（注意義務）」とは、調達元の企業が、自社や取引先を含めたサプライチェーンにおいて、人権侵害や環境汚染のリスクを特定し、責任を持って予防策や是正策をとることを意味します。同法は、2023年1月から施行されています。こうした動きは、欧州を中心に今後広がってゆくものと予想されます。

いつかは取り組まなければならないとすれば、他に先んじて取り組むことで、業界で競争上優位に立てます。「先んずれば市場を制す」ことができるのです。

●中小企業のSDGsの取り組みの現状

中小企業のSDGsの取り組みはまだわずかです。それ以前に、SDGsの認知度も決して高くはありません。関東経済産業局と一般財団法人日本立地センターが関東の1都10県の中小企業500社の代表取締役を対象に、SDGsへの取り組みの調査を2018年と2020年に実施しています。それによ

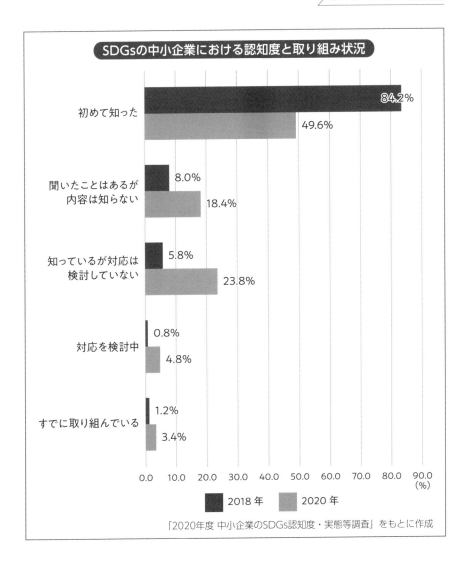

SDGsの中小企業における認知度と取り組み状況

「2020年度 中小企業のSDGs認知度・実態等調査」をもとに作成

ると、「この調査ではじめてSDGsを知った」という経営者が、2018年では84.2%でした。2020年には49.6%と減りましたが、それでも**半分の経営者が知らなかった**ということです。この中で、すでに何らかのSDGsへの取り組みを始めているという企業は、2018年には、1.2%、2020年の調査でも3.4%でしかありません。

5 SDGsへの取り組みは 中小企業にも必要

　SDGsは大企業だけのもので、中小企業には関係ないと考えている人も少なくないでしょうが、決してそうではありません。SDGsの取り組みに背を向けることは大きなリスクです。SDGsへの大企業の取り組みは、イコール中小企業の取り組みです。

　ここでは、具体例を交えながらその意味と背景を考えてみましょう。

●物流企業のSDGsへの取り組みはグループ全体

　製造業がサプライチェーン全体でSDGsに取り組むのと同様に、物流企業は、協力会社を含めたグループ全体でSDGsに取り組んでいます。大手物流企業といえども、提供する物流サービスのすべてを自前の組織や人材で賄えているわけではありません。

　国内外の大手宅配事業者の温室効果ガス（GHG）の排出量をみると、協力会社による排出が、自社のそれを上回るケースが少なくありません。例えば、「クロネコヤマトの宅急便」でおなじみのヤマトグループの場合、グループ全体の2020年のGHG（温室効果ガス）排出量は約267万tCO_2eですが、このうち自社の排出量は34.3%で、残り約65.7%が協力会社等によるものです。このことから、宅配事業などの物流システムは、協力会社に深く頼った形で成り立っていることがわかります。つまり、中小の運送会社抜きには課題解決ができないため、SDGsに対して、大手物流事業者といえども自社のみならず、協力会社を含めて環境や人権に関する課題に取り組んでいるというのが実情です。

　今後ますます大手物流事業者を中心とした協力会社である中小物流事業者との連携によるグループ化が進んでいくと思われます。こうしたことか

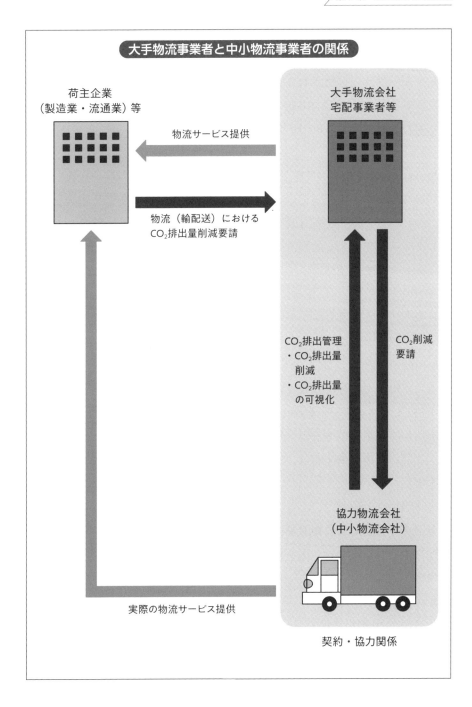

大手物流事業者と中小物流事業者の関係

荷主企業
（製造業・流通業）等

大手物流会社
宅配事業者等

物流サービス提供

物流（輸配送）における
CO_2排出量削減要請

CO_2排出管理
・CO_2排出量
　削減
・CO_2排出量
　の可視化

CO_2削減
要請

協力物流会社
（中小物流会社）

実際の物流サービス提供

契約・協力関係

ら、大手企業のSDGsへの取り組み、イコール中小物流事業者の取り組みといえるのです。**SDGsの対応に背を向けることは、大手事業者を中心としたグループから排除される**ことを意味します

　そうしたリスクを避けるためにも、中小物流事業者は積極的にSDGsへ取り組むことが求められているといえます。

●Amazonの取り組み

　配送を担う中小物流事業者に関係の深いのが、宅配事業者と通販会社です。周知のとおり、宅配事業者はすでにEV（電気自動車）の導入を決めています。近年、多くの物流企業や個人がアマゾンの物流に関わっています。そこで、アマゾンのSDGsへの取り組みについてみてみましょう。

　2020年10月、アマゾンは世界最大の再生エネルギー調達企業となりました。2025年には再生エネルギー調達比率を100%にする計画です。また、2040年のCO_2排出量ゼロを宣言し、商品配送におけるCO_2ゼロとする「Shipment Zero」を進めています。まず、米国、欧州、ついでインドと日本でも実施を視野に入れています。具体的には、倉庫で使用する電気は100%再生エネルギー、EV・自転車・徒歩によるゼロエミッション配送、段ボール等梱包材のカーボンニュートラル化などです。アマゾンの物流・配送に関わる物流事業者は、すべてこうした戦略に組み込まれることになります。

●自治体の環境対策の物流事業者への影響

　独自の環境対策に乗り出す自治体もあります。欧州を中心に多くの国が2030年代にディーゼル車、ガソリン車の販売を禁止することを決めています。パリ市は、夏季オリンピック開催を控え、2024年にディーゼル車の販売を、2030年にはガソリン車のパリ市内乗り入れを禁止することを決めました。こうした例は、日本でもみられます。例えば、東京都は2005年に、環境確保条例で定める粒子状物質排出基準を満たさないディー

> ### アマゾンの「Shipment Zero」の取り組み
>
> ●倉庫で使用する電気は100％再生エネルギー
>
> ●EV・自転車・徒歩によるゼロエミッション配送
>
> ●段ボール等梱包材のカーボンニュートラル化
>
>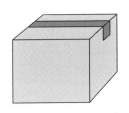

ゼル車の、東京都内の走行を禁止しています。このように、一部の都市では、独自に世界や国の動きより先に規制を強化する動きがあります。

　日本政府は、2035年までにガソリン車の販売禁止を掲げていますが、東京都は2030年までにガソリン・ディーゼル車の都内新車販売を禁止する方針を表明しています。これらはさらに前倒しされることも予想されます。そのためにも早めの対応が求められます。

6 SDGsとESG投資

●ESG投資って何？

　ESG投資とは、従来の投資が企業の財務指標を重視してきたのに対し、「環境（Environment）」「社会（Social）」「企業統治（Governance）」の3要素を考慮した投資活動です。企業が長期的な成長を目指すうえで、ESGの観点で配慮ができていないと、「企業価値を壊すリスクがある」と投資家などから判断される可能性があります。

●ESG投資が注目される背景

　ESG投資の拡大の背景には、2008年の金融危機（リーマンショック）の反省があります。金融危機は短期志向の投資が引き起こしたと考えられ、長期的かつ持続的な投資をしなければいけないという考えが浸透したことで、ESG投資が注目されるようになりました。

　2006年、当時のコフィー・アナン国連事務総長が「責任投資原則（PRI：Principles for Responsible Investment）」を発表し、投資家に対して、投資対象を選ぶ際にESGを重視することを求めました。これは国連環境計画と金融イニシアティブ、および国連グローバル・コンパクトとのパートナーシップが打ち出した、投資に対する原則です。そして、リーマンショックを機に急速に進展しました。

　2020年11月時点で、PRIの署名機関数は3,470機関、その署名機関の運用資産総額は約100兆ドル（おおよそ1.3京円）です。これは、アメリカの国家予算（3兆3,000億ドル：2017年の歳入）の30倍に相当するほど大きな額です。

　日本でも、2020年11月時点で87の投資機関が署名しています。ESGに

ESG投資

環境に配慮しているか
（再生可能エネルギーの
利用、CO$_2$ 排出量削減など）

Environment
環境

ESG
Investment
投資

Governance
企業統治

Social
社会

的確な経営を行っているか
（法令遵守、情報開示に積極的
か、不祥事を防ぐ仕組みなど）

社会に貢献しているか
（労働環境の改善、女性の活躍、
地域活動への貢献など）

配慮しない企業は将来性がないという認識が世界中に広がっており、PRI
の署名機関が増加しています。署名投資機関の数は2018年には2,232でし
たから、わずか２年で1.5倍に増えています。

●PRIの６つの原則

　PRIは、以下６つの責任投資原則を実施することを促しています。

1　投資分析と意思決定のプロセスにESGの課題を組み込むこと（**イン
　　テグレーション・統治**）

2　活動的な株式所有者になり、株式の所有方針と所有慣習にESG問題
　　を組み入れること（**エンゲージメント・組み入れ**）

3　投資対象の主体に対してESGの課題について適切な開示を求める
　　こと（**ディスクロージャー・開示**）

4　資産運用業界において原則が受け入れられ、実行に移されるように
　　働き掛けを行うこと（**エグゼキューション・実行**）

5　原則を実行する際の効果を高めるために、協働すること（**コラボ
　　レーション・協働**）

6　原則の実行に関する活動状況や進捗状況に関して報告すること（**レ
　　ポーティング・報告**）

●SDGsとESG投資の関係

　SDGsとESGとはよく似ています。どちらも基本的な考え方は同じです
が、違いをひと言でいうと、**SDGsは目標で、その目標を達成するための
手段がESG**です。例えば、ある企業が紙ストローを導入してプラスチッ
クストローを廃止したとします。これは、ESGを重視した取り組みだとい
える一方で、SDGsの目標14（海の豊かさを守ろう）の目標達成のための
手段・方法だといえます。

　また、SDGsが企業や個人などあらゆる人を対象としているのに対し、
ESGは投資対象の意味で使われることが多いのも違いのひとつです。

SDGsとESGの関係

Prastic　Paper

手段

プラスチックストロー
の廃止
（ESG：環境配慮）

目標

海の豊かさを守る
（SDGs 目標 14）

7 SDGsと物流

●SDGsへの取り組みの２つの側面

　ここでは、主として物流事業者や物流に関わる人たち、例えばメーカーや流通業における物流部門の従業員にとってのSDGsとの関わりについて説明します。SDGsの17の目標のどれが物流事業者に関わりが深いか、そして、物流に関わる中で、どのようにSDGsを実践できるのかを考えます。

　SDGsの実践には、２つの側面があります。

　ひとつは、本業である物流事業そのものでSDGsを実践することです。いい換えれば、SDGsの目標に沿った物流サービスの構築です。例えば、電気自動車や水素燃料トラックなど、環境性のよい輸送サービスの提供です。

　もうひとつは、自社の製品やサービス以外の部分でのSDGsの実践です。職場の労働環境の整備・向上や、女性の活躍推進といったものが挙げられます。また、企業や従業員による社会貢献活動なども含まれます。

　もちろん、再生可能な包装材の使用や社内業務のペーパーレス化など、本業とそれ以外の面の両方で、同じSDGs目標の達成に貢献するケースもあります。

●物流事業者・物流業務従事者に関係の深いSDGsの目標

　物流サービスおよび物流に関わる人にとって、すべてのSDGs目標が関係します。その中で特に関係の深いのが、1、2、5、7、8、9、10、12、13、14、15、17の12の目標です。実に17のうちの3分の2です。いい換えれば、物流分野はSDGsに深い関わりがあり、SDGsを実践することでその目標達成に大きく貢献することが可能だということです。

　次節以降で、それぞれの目標と具体的に何ができるかを考えてみます。

物流と関係の深いSDGs目標

目標1　貧困をなくす➡人道支援物流、物流による雇用の創出

目標2　飢餓をなくす➡人道支援物流、コールドチェーン整備支援

目標5　ジェンダー平等➡女性労働の活用

目標7　クリーンエネルギー➡再生エネルギーの利用

目標8　働きがいと経済成長➡労働環境改善、働きがいのある職場作り

目標9　技術革新➡自動運転技術、物流センターの自動化、水素・アンモニア運搬などの新規ビジネス

目標10　ヒト・国の平等➡物流技術移転、インフラ整備への支援

目標12　製造・使用責任➡輸送機器、包装材、荷役機器の使用

目標13　気候変動➡カーボンニュートラルによる貢献、モーダルシフト

目標14　海の豊かさ➡海洋事故、油流出、ごみの海洋投棄

目標15　陸の豊かさ➡ペーパーレス、包装材

目標17　パートナーシップ➡共同配送、働き方改革

8 領域別のSDGsへの取り組みの概要（輸送・保管）

○SDGsと物流の領域（輸送・保管・物流管理）との関わり

　まず、物流を輸送・保管（貯蔵）・物流管理の3つの領域に分けて、それぞれの領域でSDGsにどのように関わることができるのか、それがSDGsの17の目標のどれに関わるのかを概観します。詳細は第2章以降で具体的に説明しますので、ここでは全体像をつかんでください。

　ここでは、物流会社や事業所、あるいはメーカーや流通業における物流部門におけるすべての業務をカバーし、SDGsとの関係を示すために、大きく3つに分類しました。つまり、輸送は長距離幹線輸送と域内などの配送も含みます。したがって、輸送モードも陸上輸送（トラック・鉄道）、海上輸送、航空輸送のすべてを含みます。保管は、単純に保管のための倉庫だけでなく、いわゆる物流センターを含みます。また、物流管理には、物流会社、事業所における人事・労務管理や事務的なものもすべて含みます。ここでは、輸送と保管の領域についてみてみます。

○輸送部門においてのSDGsの取り組み例

　輸送部門において、SDGsへの取り組みとしてどのようなことが可能か、その一部を挙げてみました。

　まず、自動車や船舶、航空機の燃料の代替です。鉄道は主として電気ですが、自動車はガソリン、船舶は重油、航空機はジェット燃料（ケロシンといい灯油に近いもの）でいずれも石油から作られた燃料であり、燃焼時にCO_2を排出します。これをCO_2を出さない燃料に代替するのです。自動車では、電気自動車を導入する物流企業も出ています。水素もトラックなどの候補に挙がっています。船舶は、一時的にLNG燃料船も採用されて

輸送・保管部門におけるSDGsへの取り組み事例

輸送部門と SDGs	●トラック、船舶、航空機の燃料の切り替え ●モーダルシフトの推進 ●共同物流の促進 ●ドライバーの労働時間短縮 ●アイドリングストップ ●トラックドライバーへの女性の採用
保管部門と SDGs	●冷蔵・冷凍倉庫の冷媒（フロンからアンモニア等） ●フォークリフトなど機器の電化 ●再生可能エネルギーによる電気の使用 ●トラックの待機時間の短縮 ●庫内作業の自動化、省人化

います。ただ、LNGは化石燃料であることに変わりはありません。従来の重油に比べ25～30％くらいCO$_2$の排出が少なくなりますが、ゼロではありません。したがって、水素燃料とか、アンモニアやメタンなどのCO$_2$排出ゼロの代替燃料が開発されるまでのつなぎ的な意味あいと考えていいと思います。また、航空燃料は、各社ともSAF（Sustainable Aviation Fuel：持続可能な航空燃料）の開発に取り組んでいます。国際海運を例にとると、そのCO$_2$の排出量は世界全体の2.1％です。これは、ドイツが1年間に排出するCO$_2$と同じ量です。鉄道は電化されていますが、その電気が何で作られているかが重要です。再生可能エネルギーで作られた電気の使用が考えられます。

自動車（トラック）についていえば、アイドリングストップやスピードの出しすぎを抑えるといったこともCO_2の削減につながります。これは、目標13（気候変動及びその影響を軽減する）に貢献することになります。

　次に、モーダルシフトの推進が挙げられます。長距離輸送をより環境にやさしい船舶や鉄道に切り替えることで、目標13に貢献できます。

　モーダルシフトは、物流企業だけでできることは限られています。荷主や同業他社との協力が不可欠です。その意味では、目標17（グローバル・パートナーシップを活性化する）への貢献です。

　他には、ドライバーの労働時間の短縮を含めた労働環境の改善への取り組みが挙げられます。また、女性が安心して働ける環境の整備も大切です。物流業界の女性の比率はわずか2％です。労働力不足がますます深刻さを増している今、女性の活用は、経営の安定という面でもぜひとも取り組むべき課題です。

　SDGsへの取り組みは、決して仕方なくやるものではありません。そのことが経営の安定化に寄与するということを念頭においてください。目標3（あらゆる人々の健康的な生活を確保、福祉を促進）、目標5（ジェンダー平等）、目標8（働きがいのある職場）の実現です。

●保管においてのSDGsの取り組み例

　保管部門、いい換えれば倉庫や物流センターの、主としてオペレーションにおけるSDGsへの取り組みの例を挙げてみましょう。

　これまで、冷蔵・冷凍倉庫における冷媒にフロンが使用されていました。フロンはオゾン層の破壊、地球温暖化といった地球環境に影響を及ぼすことが明らかになったために、アンモニア等の冷媒に切り替える冷蔵・冷凍倉庫が増えています（目標13）。物流センター内で使うフォークリフト等機器の電動化（目標13）や、物流センター内作業の自動化・省人化もSDGsへの取り組みといえます（目標3）。また、出入りするトラックの待ち時間の短縮を図ることも大切です。トラックの稼働率を上げ、ドラ

イバーの労働時間の短縮になります（目標3、目標8、目標17）。

●輸送・保管両分野にまたがるSDGsの取り組み例

　輸送や保管にパレットを使うと、荷役や保管の効率化に役立ち、労働者の負担の軽減につながります。パレットが使われていない場合のトラックの積み下ろしは、手作業です。

　パレットの問題は、サイズが統一化されていないことです。また、プラスチック素材のパレットを使わないことや包装材の簡素化も重要です。これらは、SDGsの目標3、目標8、目標13、目標17と関係します。

9 領域別のSDGsへの取り組みの概要（物流管理）

○管理部門におけるSDGsとの関わり

ここでは、主として物流企業の管理部門におけるSDGsの取り組みについてみていきます。管理部門において、SDGsにどのような貢献が可能かを考えます。そのうちの多くは物流企業に限ったことではなく、企業の管理部門全般に当てはまることでもあります。経営戦略や企業理念に関わる面と、日常業務のオペレーションの面とに分けることができます。

○経営戦略・企業理念とSDGs

女性の活用や福利・厚生を含めた従業員に対する企業理念です。つまり、経営方針や企業理念にSDGs目標を入れることです。例えば、目標10（国内および各国間の不平等の是正）を企業理念に取り入れるなら、事業の海外展開にあたって、現地スタッフの教育や登用を積極的に行うことで実践します。また、物流技術移転で各国間の不平等も是正されます。例えば、コールドチェーンの海外展開によって食品ロスを減らすことで、目標2（食料安全保障、栄養改善）に貢献できます。

○日常業務とSDGs

日常業務では、社内のペーパーレス化や再生紙の使用、事務用品にフェアトレード商品を使うことなどによって、目標15（陸上生態系の保護）に役立つことができます。プラスチック商品の使用を極力減らすことも大切です。社内や事業で使用する電気に、できるだけ太陽光や風力などの再生可能エネルギーを使用するなど、小さなことの積み重ねが大切です。女性の積極的な活用や労働環境の整備で、従業員が働きやすい職場環境を作

管理部門におけるSDGsへの取り組み事例

経営戦略・企業理念とSDGs

- 企業理念にSDGsへの取り組みを明記する
- 従業員に対する考え方を企業理念に明記する。例えば女性活用、労働環境の整備など
- 海外事業展開においてコールドチェーン、物流技術移転、現地スタッフの教育・登用を積極的に進める

日常業務とSDGs

- ペーパーレス化の推進
- フェアトレード商品の使用
- プラスチック原料商品の利用を削減
- 再生可能エネルギーによる電気の利用
- 女性活用のために育休制度や社内保育所を作る
- 従業員のための社内教育や生涯教育の機会を提供する

ることはSDGsへの貢献になると同時に、企業イメージを向上させます。このことは、採用面で大きなプラスに働きます。

　このように、管理部門においてもSDGsへの取り組みとしてできることはたくさんあります。

10 中小物流企業は 何から始めるか

　SDGsのことは何となく理解できたが、それでは、自分たちがSDGsに取り組もうと思っても何からどう始めればよいかわからない、というのが多数だと思います。そこで、最初にやるべきことを3点挙げます。

　まず、従業員へのSDGs取り組み宣言です。次に、自社のSDGsの17の目標（すべてでなくても構いません）に関連する事項の見える化（可視化）です。もうひとつは、SDGsに関して顧客との情報共有体制の構築です。

●①SDGs取り組み宣言

　「SDGs取り組み宣言」とは、言葉のとおり、経営者として自社がSDGs目標実現に向けて取り組むことを宣言します。同時に、SDGsに関する情報収集や調査・研究のための担当者を任命します。プロジェクトチームを立ち上げるなり、組織的に動く体制を整えられればベストです。プロジェクトチームのメンバーはできるだけ多様（男女、年齢など）であることが望ましいでしょう。本業だけでなく、この業務においても経営者が評価することが何より重要です。

　会社の規模にあわせて取り組めばよいのです。例えば、トラック10台で、ドライバーを除いた事務所スタッフは社長を含めて数人という事業所に、プロジェクトチームを作れといっても難しいはずです。社長が自ら取り組む場合にも、何らかの形でドライバーを含めた従業員全員に対して「SDGs宣言」をして、会社として何をやろうとしているかを全員に理解してもらうことがポイントです。職場集会、あるいはLINE等を使って周知するなど、方法はいくらでもあります。

SDGsに取り組む際に最初にやるべきこと

①SDGs 取り組み宣言
- SDGs 担当者の任命
- プロジェクトチーム立ち上げ

②関連事項の見える化
- 自社の SDGs 関連項目の見える化

③顧客との SDGs 情報の共有

☑ プロジェクトチーム立ち上げにあたっては、まず「共感してくれる人」を選ぶ（すべての人が積極的ではないため、まずは賛同してくれる人から）

☑ SDGs 宣言では、最初に SDGs に取り組まないことによる「損失」を説き、次にその「有益性」を説く。これは顧客に対しても同じである（人は、有益性より、損失に敏感であるため）

SDGs 取り組み宣言

②自社の資産をSDGs目標と関連付けて見える化

自社の資産をSDGsと関連付けて把握し、それを「見える化（可視化）」します。その結果、誰でもひと目で自社の状況（SDGs目標との関係や環境との関係など）がわかります。「見える化」のポイントは、数値化やグラフ化などです。

自社の資産にはどんなものがあるか、書き出してみましょう。まず人材です。事務所、事務所内の事務機器や備品、倉庫、トラック、フォークリフト等荷役機器、パレットやカゴ車などが挙げられます。事務所内の機器や備品を、さらに細かく、机、PC、プリンター、固定電話・携帯電話、FAX、冷蔵庫、エアコン……というように書き出します。それを、SDGs目標や環境と関連付けます。右の図のように、現状と課題、改善点などを一覧表にするとわかりやすいと思います。

また、機器ごとにCO_2の排出量や電力消費量、あるいは廃棄物などを数値化・グラフ化するのもわかりやすいでしょう。現状が把握できたら削減目標を設定するのもいいでしょう。売上高のグラフを貼り出して従業員のモチベーションを上げるのと同じやり方です。

こうした過程で、無駄や改善点に気づいてコスト削減ができるかもしれません。月間500万円以上の燃料費を使っている場合には、コスト削減の余地があるという説もあるようです。あなたの会社はどうですか。

③顧客とのSDGs情報の共有

第3段階では、SDGsの取り組みについて顧客に説明し、顧客との間でSDGsへの取り組みについて共通した認識・意識を持つことを目指します。そのうえで、SDGsに関する情報を共有するようにしましょう。自社の取り組み状況と関連情報は、積極的に顧客に開示するようにしましょう。自社のSDGsへの取り組みが顧客のSDGsへの取り組みに貢献していることを、数値をもって説明できるようになります。これは大変重要なことです。例えば、CO_2削減についていえば、顧客にとってCO_2削減はサプ

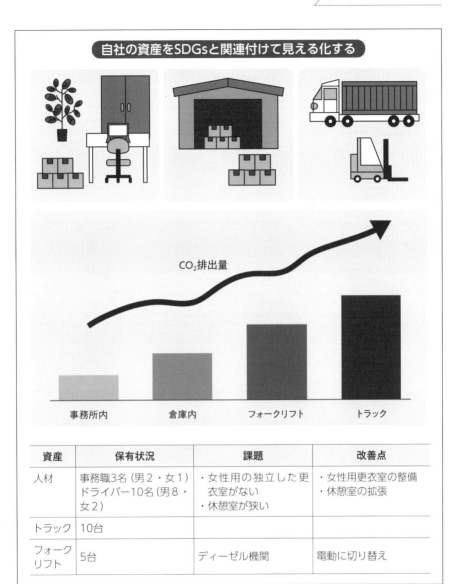

自社の資産をSDGsと関連付けて見える化する

CO_2排出量

事務所内　　倉庫内　　フォークリフト　　トラック

資産	保有状況	課題	改善点
人材	事務職3名（男2・女1） ドライバー10名（男8・女2）	・女性用の独立した更衣室がない ・休憩室が狭い	・女性用更衣室の整備 ・休憩室の拡張
トラック	10台		
フォークリフト	5台	ディーゼル機関	電動に切り替え

ライチェーン全体における削減を意味します。そこには、物流会社の担当する輸送や保管も入ります。つまり、物流会社である、あなた方のCO_2削減努力が直接、顧客の成果となるわけです。

コラム1　SDGコンパス (SDG Compass)

　SDGコンパスとは、SDGs導入のための企業の行動指針です。

　①SDGsとSDGコンパスの概要、②企業がSDGsを導入するための5つのステップの２つからなっており、企業がSDGsにどう取り組むべきかの指針が示されています。

　SDGコンパスは、国際的なNGOのGRI、国連グローバル・コンパクト、国際企業で構成される組織WBCSDの３者が作成したもので、次のURLから全30ページの日本語版が入手できます。

https://sdgcompass.org/wp-content/uploads/2016/04/SDG_Compass_Japanese.pdf

　SDGコンパスは、企業がSDGsをビジネスとして取り込むための手順として次の5つのステップを掲げています。

ステップ1　SDGsを理解する

ステップ2　優先課題を決定する

ステップ3　目標を設定する

ステップ4　経営へ統合する

ステップ5　報告とコミュニケーションを行う

　SDGコンパスは、もともとはグローバルな大企業向けに作成されたものですが、中小企業やその他の組織でも活用可能です。また、企業全体ではなく、部門レベルあるいは個々の製品にも応用することができます。SDGコンパスを活用する場合にもっとも大切なポイントは、自社の経営理念や事業内容に沿った目標を選択するということです。SDGsは、事業とは別枠で社会貢献活動をすることではありません。本来の自分たちの事業の中でどのような取り組みができるのか、という視点こそが大切です。SDGsは地球上の多様な課題に焦点をあてています。自社の理念や事業に合った目標が必ずあります。

https://sdgs.media/blog/5424/

第**2**章

目標1「貧困を終わらせる」・
目標2「飢餓をなくす」と物流

　世界で8億人（世界人口の約10%）以上の人が栄養不良です。また、安全な水を確保できない人も7.8億人いるといわれています。年間310万人の子ども（5歳未満）が栄養不足のために死亡しています。世界の難民の数は7,000万人います。

　一方、世界では1年間に13億トンの食料が廃棄されています。これは年間食料生産量の3分の1にあたります。日本では、1年間に612万トンの食糧が廃棄されています。毎日1人あたりお茶碗一杯分を廃棄していることになります。

　世界から飢餓をなくすために、SDGsでは目標2として「飢餓を終わらせ、食料安全保障および栄養改善を実現し、持続可能な農業を促進する」を掲げています。農業生産性改善が重要課題ですが、飢餓の解決は、農業生産性の改善・持続可能な農業の促進だけで達成できるものではありません。食料を安定的に、あるいは必要としている場所に届けるためには、物流網の整備が不可欠です。つまり、SDGs目標2と物流は深い関わりがあることがわかります。ここでは、SDGs目標2の達成のためにどのような貢献ができるかについて具体的に考えてゆきます。

1 物流網整備が開発途上国の食品ロス削減につながる

●食品ロスとは？

　日本では食品ロスと一括していますが、英語ではFood Loss & Waste（Loss：損失とWaste：廃棄）というように2つに分けられます。

　Food Loss（食品損失）は、主として流通段階で生鮮食品が腐敗するなどのために起こるものです。

　これに対してFood Waste（食品廃棄）は、主として消費の段階（小売り・レストラン・家庭など）で発生する賞味期限切れや食べ残しのため、まだ食べられるにもかかわらず廃棄される食品です。

　日本では、規格に合わなかったり形が悪かったり、あるいは生産調整のために、生産段階で廃棄されるものもあります。Food Lossが、食品としての価値がなくなり、食べられなくなった結果、捨てられるのに対して、Food Wasteはまだ食べられる、食品として最低限の価値があるにもかかわらず捨てられるという点で、大きな違いがあります。

　Food Lossは主として開発途上国の問題であり、日本や欧米等においてはFood Wasteがより大きな問題です。東南アジアの食品ロスの90%は生産・流通段階で発生し、消費段階では10%ほどです。

●食品ロスの発生要因

　生産・流通段階における生鮮食品のロスの発生率、いい換えれば損失の割合は、日本や欧米では1～2％程度ですが、東南アジアでは20～30％にも上ります。

　こうした食品ロスの発生の原因は、次の4点にまとめられます。

　①冷凍・冷蔵食品に対する認識・知識の不足

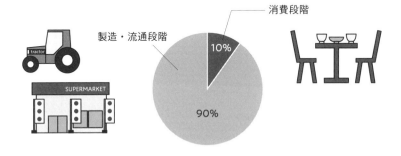

物流網の未整備によって生じる問題

深刻な食糧廃棄問題　南アジア・東南アジア

食糧紛失・廃棄の約90%は製造・流通段階で発生

消費段階
製造・流通段階

10%

90%

深刻な食品衛生問題

食品由来の疾病や死亡の頻発

地域	食品由来の疾病	食品由来の死亡
東南アジア	1.5 億件 / 年	17.5 万人 / 年

出所：国土交通省作成資料（ISO／TC315）

②冷蔵トラックや冷蔵倉庫など冷凍・冷蔵関連機器の不足

③道路など物流インフラの未整備

④不安定・不十分な電力供給体制

○なぜ食品ロス削減に取り組まなければならないか

　食品ロスの問題は、開発途上国と日本や欧米では大きく違うことがわかったと思います。続いて、主として開発途上国の食品ロスの問題を取り上げます。

　生産・流通段階での生産物の損失は、生産者にとっては収入減少を意味します。卸・小売りなどの流通業においても同様に、売上の減少につながります。これが全体の20〜30％というのは決して小さな額ではありません。また、生鮮食品の物流網が整備されていないために、生産しても出荷できないというケースもあります。

　流通段階で品質が劣化しているにもかかわらず、そのまま消費者に渡ることで深刻な衛生問題も発生しています。こうした食品由来の疾病は、東南アジアだけでも年間1.5億件、死亡は年間17.5万件発生しています。

　生産・流通段階において食品を管理し、食品ロスを削減することは、生産者や流通業者の収入を増やし、消費者に安全で新鮮な食品を届けることで食品による疾病を防ぐことになります（流通段階における管理の方法は、50ページで取り上げます）。

○物流事業者が開発途上国の食品ロス削減のために何ができるか

　開発途上国の物流事業者の多くは中小零細企業で、物流の知識が十分でないだけでなく、必要な設備投資の余力もないケースが少なくありません。一方、日本には優れた流通・物流企業が多く、食品流通に関する多くのノウハウが蓄積されています。

　近年、日本からは製造業だけでなく、流通を含めた多くの消費産業が東南アジアを中心に進出しています。物流事業者の進出も盛んです。

　従来、海外に進出する物流事業者の顧客は日系企業が中心でしたが、最近は現地企業を顧客とする日系物流事業者が増えています。こうして海外進出する日本の物流事業者の投資も物流網の整備を通じて、SDGsの目標である「飢餓をなくそう」に貢献していることは間違いありません。

食品ロスの要因と削減のための対策

①冷凍・冷蔵食品に対する認識・知識の不足
➡消費者を含めて食品に対する認識を深める。セミナーやワークショップなどで食品や食品衛生への関心を高めていく（日本の「食育」）

②冷蔵トラックや冷蔵倉庫など冷凍・冷蔵関連機器の不足
➡特に中小物流事業者に対して食品輸送・保管に関する物流技術・ノウハウを提供し、食品物流品質の向上を図るために訓練プログラムなどを組む

③道路など物流インフラの未整備

④不安定・不十分な電力供給体制
➡物流インフラや電力の安定的供給体制の整備

「必要な人材はヘッドハンティングすればいい」という欧米企業の考え方とは違い、日系企業の場合、教育し育てるというように従業員教育に熱心です。こうして物流ノウハウを学んだ現地スタッフが増えると、全体のレベルアップにつながります。

特に、最近の東南アジアにおいては冷凍・冷蔵の物流ニーズが高まっています。こうした物流技術の移転と合わせて行われる投資も大きな意味を持ちます。冷蔵倉庫の建設や冷蔵トラックの導入など機器が充実していくことで、食品ロスの削減に寄与します。同時に生産者の所得向上にも役立ちます。これまで行き届かなかった、新鮮で安全な食料が届けられるようになるケースもあります。

このように、必ずしも意識していなくても、事業を通じてSDGsの目標達成に貢献するというのが本来の姿です。

海外に事業展開するにあたって、従業員教育、現地スタッフの役職への登用、物流技術の移転などを意識するともっといいかもしれません。

2 コールドチェーンが開発途上国の食品ロス削減に貢献

　アジアの多くの国々では、輸送や保管時の適切な温度管理ができていないために、生鮮食品が腐敗し捨てられています。野菜を例にとると、生産から消費者に届くまでの間に20〜30％が腐敗・破棄されています。ちなみに、日本や米国ではこの比率はわずか1〜2％です。

　食品が原因での疾病は、東南アジアだけで1.5億件/年、死亡は17.5万人といわれています。これらは、生鮮食品の適切な温度管理をすることで防げます。アジアを含めた開発途上国においては、食品温度管理のためのインフラ整備が喫緊の課題なのです。流通段階における商品の温度管理を適切に行う仕組みのことをコールドチェーン（Cold Chain）といいます。ここでは、コールドチェーンについて知り、そのSDGsの目標達成への寄与について理解を深めます。

●コールドチェーンの定義

　「コールドチェーンとは、腐敗しやすい物および他の温度管理の必要な製品を安全で、健全で、よい品質の状態で生産から消費まで確実に届ける、一連の相互依存の設備およびプロセスである。それは温度変化に敏感な製品のサプライチェーンである」（著者訳）（"Development of Monitoring Systems for Cold Chain statistics"　LAP,2010）

　ひと言でいえば、「コールドチェーンとは、温度管理の必要な商品のサプライチェーン」です。つまり、食品に限定したものではありません。新型コロナワクチンなどの医薬品、化学品、電子部品なども含まれますが、ただ、東南アジアを含む開発途上国における関心は食品です。ここでは、食品のコールドチェーン（フードコールドチェーン）に絞って話を進めます。

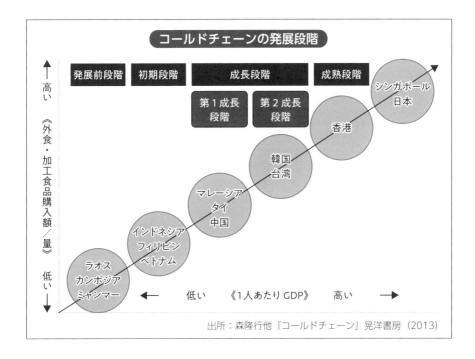

出所：森隆行他『コールドチェーン』晃洋書房（2013）

●今なぜ、コールドチェーンなのか？

　今、なぜ東南アジアを中心にコールドチェーンへの関心が高まっているのでしょうか。背景には2つの要因があります。ひとつは**所得の向上**で、もうひとつは**食品流通の変化**です。

①所得の向上とコールドチェーン

　経済発展に伴い所得が向上し、消費者がより安全で新鮮な食品を求めるようになったことが大きな要因です。一般的に1人あたりGDPが3,000ドルを超えると一般消費財の売れ行きが伸びるといわれます。そして5,000ドルを超えると耐久消費財の売れ行きが伸びます。

　コールドチェーン需要も耐久消費財の売れ行きと同時に、その需要が高まると考えられます。コールドチェーンの発達と冷蔵庫や電子レンジの普及に関係があるからです。

②食品流通の変化とコールドチェーン

　従来、アジアの小売業は、いわゆる「パパママストア」と呼ばれる零細小売業が中心でしたが、スーパーマーケットやコンビニなどの近代的小売業が進出し、その比率が上がっています。従来の零細小売業はコールドチェーンに無関心ですが、近代的小売業では、食品の扱い、つまり温度管理をきちんと行っています。したがって、近代的小売業が増えることは、全体としてコールドチェーンの整備が進んでいるといえます。シンガポールは別格ですが、タイやマレーシアでは、すでに近代的小売業の割合が50%近くになっています。

　所得と近代的小売業の割合の2つの要因ともに、タイ、マレーシア、中国がその中心にあります。これらの国で急速にコールドチェーン需要が高まっていることからも納得できます。

●コールドチェーン普及にむけて

　日本政府は、コールドチェーンのガイドラインを策定し、これを規格化（日本規格協会　JSA-S1004）し、国土交通省がアセアン諸国への普及に力を注いでいます。また、日本規格であるJSA-S1004をベースにして国際規格にするべくISO（国際標準化機構）において技術委員会（TC）の設置が認められ、国際標準化に向けた努力をしているところです。

●コールドチェーン普及の意味

　コールドチェーンの普及によって、生鮮食品の流通段階における腐敗と廃棄を減らすことができます。コールドチェーンのレベルアップによって、生産者や流通業者にとっては、収入の増加につながります。また、安全で新鮮な食品を消費者に届けることで、食中毒など食品由来の疾病や死亡を防ぐことが可能です。

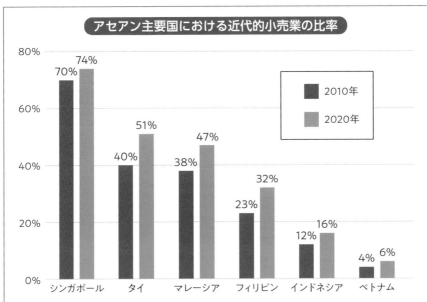

アセアン主要国における近代的小売業の比率

凡例：
- 2010年
- 2020年

国	2010年	2020年
シンガポール	70%	74%
タイ	40%	51%
マレーシア	38%	47%
フィリピン	23%	32%
インドネシア	12%	16%
ベトナム	4%	6%

出所：Mizuho Research & Analysis Vol.54

コールドチェーン概念図

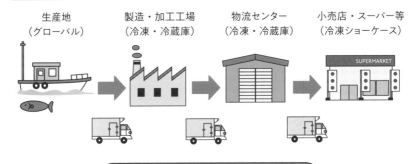

生鮮食料品の新鮮さを保つために、冷凍・冷蔵・低温の状態で
生産地から消費地へ送り届ける物流一貫システム

生産地
（グローバル）

製造・加工工場
（冷凍・冷蔵庫）

物流センター
（冷凍・冷蔵庫）

小売店・スーパー等
（冷凍ショーケース）

SUPERMARKET

グローバルに安心・安全な食品の安定供給

鮮度・品質保持　　温度管理　　衛生管理　　履歴管理　　作業環境

出所：国土交通省「ASEANコールドチェーン普及検討会」資料

3 日本の人道支援物流のノウハウが世界の飢餓をなくすことに貢献

○人道支援物流とは？

　人道支援物流は、一般に「自然災害時の物資の配達と倉庫保管、被災地や人びとへの複雑な緊急事態の物流」と理解されていますが、本来はより広範なものです。英語では、「Humanitarian Logistics」にあたります。Humanitarianは「人道的」「博愛」などの意味を持つ言葉です。「人道支援物流」が「Humanitarian Logistics」の日本語訳とするならば、その定義は「脆弱な人々の苦しみを軽減するために、原産地から消費の時点まで、効率的で費用対効果の高い商品や材料の流れと保管、および関連情報を計画、実施、制御するプロセス」となります。

　「脆弱な人々」とは、災害で苦しんでいる人々だけでなく、難民や日常的に貧困や飢餓で苦しむ人々なども含みます。自然災害の多い日本では、「人道的」物流というと、「自然災害に苦しむ人々」への緊急物資や復興のための物流支援に限定されることから、冒頭のような理解が定着したものだと考えられます。しかし、世界には、自然災害はもちろんですが、難民キャンプなど日常的に衣食住に苦しんでいる人々がたくさんいます。「Humanitarian Logistics」の訳としては、「人道的物流」のほうが適切かもしれません。

　日本には、多くの自然災害に際しての緊急支援や復興のための支援活動で培われたノウハウがあります。こうした経験を活かして、SDGsの掲げる目標2「飢餓をなくす」に貢献することができます。もちろん、ODAや国連などの国際機関を通じて日本として貢献はしていますが、災害時や難民支援など緊急時の支援に迅速に、柔軟に対応できるのは民間企業やNGO、あるいは個人です。

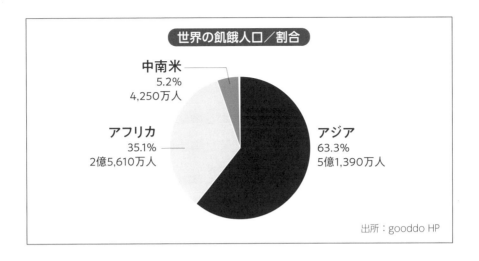

○人道的支援を必要とする「脆弱な人々」

「脆弱な人々」、いい換えれば、人道的支援を必要とする人は、食料不足・調達困難なため栄養不良の人（いわゆる飢餓人口、世界で8億1,250万人）、安全な水を確保できない人（7.8億人）、難民（7,000万人）がいます。飢餓人口約8億人のうち、5億1,390万人はアジア、2億5,610万人はアフリカ、4,250万人がラテンアメリカ・カリブ海地域に住んでいます。

　一方で、世界の年間食料生産の3分の1にあたる13億トンが廃棄されています。日本だけとってみても、食べられる食品が年間612万トン捨てられているのです。食料がなく貧困にあえいでいる人々がいる一方で、多くの食料が廃棄されているのが現実です。つまり、食料はあるが、それが必要とするところにきちんと届けられていない。その仕組みがない、あるいは機能していないのが現状です。この問題を解決することができるのが物流／ロジスティクスです。物流の本来の役割は、「必要なもの（Right Product）」を、「必要な場所（Right Place）」に、「必要な数量（Right Quantity）」を、「必要な時（Right Time）」に「適切なコスト（Right Cost）」で届けることです。物流業界では、英語の頭文字をとって、5つの「R」と呼んでいます。これに「適切な状態（Right Condition）」をプ

ラスして6Rとする考え方もあります。

●飢餓の発生要因

　飢餓の発生要因は、紛争と干ばつなどによる食料の不作です。約8億人の飢餓で苦しむ人々のうちの60%にあたる約5億人が、イエメン、南スーダン、シリア、レバノン、中央アフリカ共和国、ウクライナ、アフガニスタン、ソマリアなどの紛争地帯に住んでいます。

●人道支援物流の特殊性

　人道支援物流には、通常の物流と違う特徴があります。難民支援などのある程度、難民の生活が固定化している場合は別ですが、自然災害の場合は突然発生するため予測が不可能です。人道支援物流においても基本は5R（または6R）ですが、自然災害における人道支援では、需要と供給の不一致が往々にしておきます。5Rのうちの「Right　Product」が日々変化するためです。災害直後は、水や食料などの支援物資の供給不足が問題ですが、しばらくすると一般的な生活用品へと需要が変わります。逆に、一部物資は供給過剰になり、不要な在庫が積み上がることがあります。支援物資はいっぱい届くのに、必要なものがないということが往々に発生するわけです。また、多くの組織や団体が支援を行うために、組織間の行動調整や情報の集約などが必要になります。

　日本は、阪神淡路大震災や東日本大震災をはじめ、多くの自然災害を経験しています。そうした経験の中で緊急時の支援と物流についてもノウハウを蓄積しています。東日本大震災の時には、阪神淡路大震災の経験を基にした神戸市の支援が一番役に立ったという話も聞いています。

　また、東日本大震災では、人々に支援物資を届ける業務は民間企業が担いました。つまり、日本の物流企業には人道支援物流の豊富なノウハウが蓄積されています。こうしたノウハウをSDGsの目標達成のために活かしてほしいと思います。

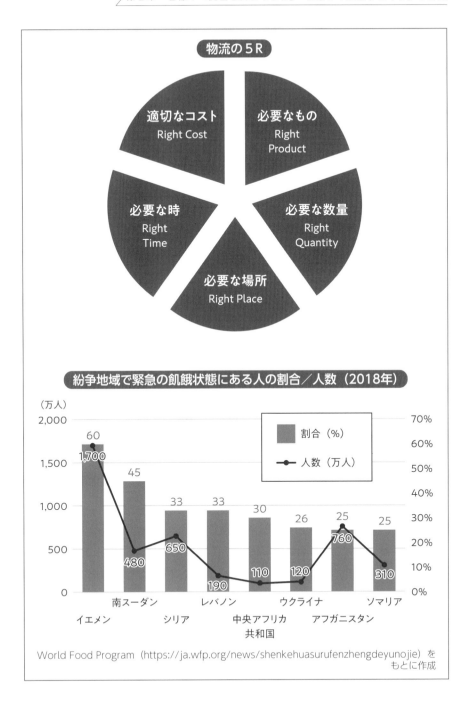

物流の5R

適切なコスト
Right Cost

必要なもの
Right Product

必要な時
Right Time

必要な数量
Right Quantity

必要な場所
Right Place

紛争地域で緊急の飢餓状態にある人の割合／人数（2018年）

（万人）

割合（%）

人数（万人）

World Food Program（https://ja.wfp.org/news/shenkehuasurufenzhengdeyunojie）を
もとに作成

4 川崎陸送のインドでの 取り組み

インドで食品ロス削減と生産者の所得向上に貢献する

●食品ロスの削減で農家の所得向上に向けた取り組み

川崎陸送は、インド・西ベンガル州で、「太陽光による発電・蓄電設備付き小型定温倉庫」事業に取り組んでいます。現地農家の野菜を温度管理の行き届いた倉庫で保管・流通加工することで、流通過程での野菜廃棄を減らすことができます。インドでの流通過程での野菜などの食品ロスは40％にのぼります。それ以前に出荷そのものをあきらめているというのが現状です。定温倉庫を設置し、販売機会を取り戻し、その結果として農家の所得向上を目指すというものです。

川崎陸送は、西ベンガル州政府が取り組んでいる農家の所得向上プロジェクト「スファール・バングラ」の敷地内の土地を借りて倉庫を建てています。この定温倉庫で、農家が収穫した野菜の保管・流通加工作業を行うことで、新鮮な野菜を消費者に提供することができるようになりました。農家にとっては、より高い値段で野菜を売れるようになり、所得向上につながっています。

●太陽光発電・蓄電システムで24時間、倉庫の温度管理

この倉庫は、太陽光発電による電力を使っています。日中は発電しながら電気使用＆蓄電、夜間は蓄電した電気のみでエアコンを稼働させて、24時間倉庫内の温度管理をします。

なぜ、太陽光発電・蓄電システムなのか？

2011年3月11日に東日本大震災が起こった際、福島第一原発およびその他原発の運転停止により、発電能力が下がったため、政府による計画停電が行われました。その時川崎陸送は、お客様の荷物・商品を自分たちで守

シングール倉庫

右側の白い建物が倉庫（2019年1月竣工）

倉庫内の流通加工作業と店頭販売の様子

地元の野菜を選別して、バナナの葉でラッピングする。

コルカタ市内で販売されている野菜。

画像提供：川崎陸送

らなければならないことを再認識し、BCP（Business Continuity Plan）を導入することを決めました。停電に備え、太陽光発電と蓄電システムを倉庫の運営に利用することにしたのです。2014年から埼玉県坂戸市にある川崎陸送坂戸流通センターで採用しており、インドでもこのシステムを応用し、電力の安定供給を図っています。

　昼間は、太陽光発電でつくられた電気を使って、エアコンを稼働させると同時にバッテリーを充電します。夜間や、天気が悪くて太陽光発電ができない時は、充電したバッテリーのエネルギーを使ってエアコンを稼働させます。

　川崎陸送のインドでの取り組みは、SDGsの目標1「貧困を終わらせる」、目標2「飢餓をなくす」への貢献の例です。また、太陽光という再生可能エネルギーを使用することで、目標13「地球環境を守る」ことにも寄与しています。

倉庫の屋根に設置された太陽光パネル

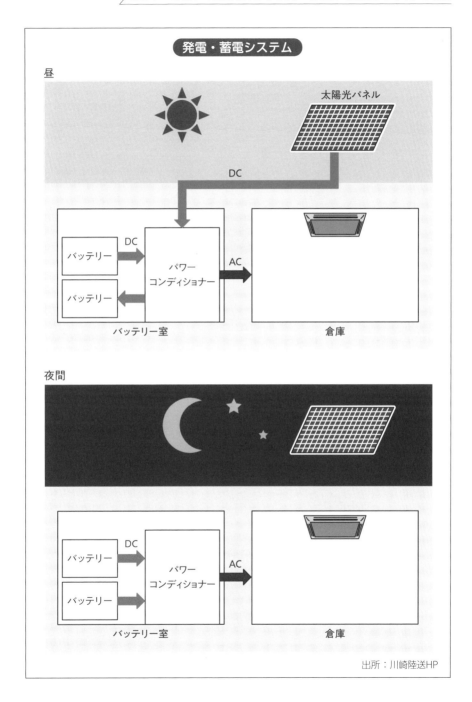

出所：川崎陸送HP

コラム2 SDGsウォッシュ

　SDGsウォッシュとは、実態が伴っていないのにSDGsに取り組んでいるように見せかけている状態を指します。実際にはエコではないにもかかわらず、環境に配慮しているイメージを与えて消費者を誤解させることを「グリーンウォッシュ」といいますが、この言葉がもとになってできた造語です。

　どのようなケースがSDGsウォッシュにあたるのでしょうか。例えば、事業の内容に直接関係のない「グリーンなイメージ（自然の写真や、緑色の包装など）」を使う企業や、衣服の製造過程で通常よりも多くのCO_2を出すにもかかわらず、「天然」または「リサイクル素材」で作られている、とよい面だけをアピールするファッションブランドなどが当てはまります。また、海洋生物を守っているとアピールしながら、海外工場で従業員を低賃金で強制労働させるグローバル企業なども当てはまります。これらはすべて、上辺だけのSDGs、つまりSDGsウォッシュです。SDGsには、意図したものと、意図したわけではないが、結果としてSDGsウォッシュとなるケースがあります。いずれにしても、その企業の取り組みが消費者や顧客からSDGsウォッシュとみなされると企業イメージを大きく損ない、大きなダメージを被ることになります。SDGsウォッシュを避けるための4つのポイントを以下に挙げておきます。

①根拠がない、情報源が不明な情報を避ける

②事実より誇張した表現を避ける

③言葉の意味が規定しにくいあいまいな表現を避ける

④事実と関係性の低いビジュアルを用いない

電通「SDGsコミュニケーションガイド」より抜粋

第**3**章

目標5「ジェンダー平等」と物流

SDGsの目標5では、「未成年者の結婚や強制結婚などの有害な慣行を撤廃する」「家庭内における男女の責任分担を進める」「政治・経済などにおける女性のリーダーシップの機会を確保する」など、様々な方向から女性の社会進出を目指しています。

女性活躍推進法が2016年に施行され、採用や昇進、職場環境において男性との間に差別が生じないこと、仕事と家庭の両立を女性自身の意思によって決めることができる社会の実現を目指しています。しかしながら、2021年3月の世界経済フォーラムが発表したジェンダーギャップ指数では、日本は156か国中120位と、先進国では最下位です。アジアの中でもタイ79位、ベトナム87位、インドネシア101位、韓国102位、中国107位より低い位置にあります。

近年の労働力不足を考えれば、積極的に女性の活用を考える必要があります。女性の活躍の場を広げるためには、女性にとって働きやすい職場環境の整備が必須です。

「ジェンダー平等」の実現は、SDGs目標達成のためではなく、経営そのものの問題としてとらえることが重要です。

1 「ジェンダー平等」の目標と日本の現状

●SDGs目標5「ジェンダー平等」のターゲット

　SDGs目標5「ジェンダー平等」では、6つのターゲットが示されています。その中で、企業が取り組むべきターゲットは、「5-5」にある「政治や経済や社会の中で、何かを決めるときに、女性も男性と同じように参加したり、リーダーになったりできるようにする」です。

　日本は、まだ男性中心の社会です。特に物流業界は、建設業界に次いで女性の就業率が低く、女性比率は20％以下です。女性トラックドライバーは2％程度、内航船員も女性比率は2％以下です。また、女性管理職も全体平均が8.9に対して物流業界は5.7％と大きく下回っています。

●ジェンダーギャップ指数からみた日本の位置

　日本の男女格差は世界の中でどのようなレベルにあるのかをみてみます。各国における男女格差を測る物差しとして、ジェンダーギャップ指数（Gender Gap Index：GGI）があります。毎年、世界経済フォーラム（World Economic Forum：WEF）が「The Global Gender Gap Report」と題したレポートを公表しています。この指数は、「経済」「政治」「教育」「健康」の4分野のデータから作成され、0が完全不平等、1が完全平等を示しています。2021年の日本の総合スコアは0.656、順位は156か国中120位（前回は153か国中121位）でした。先進国の中では最低レベル、アジア諸国の中でも韓国や中国、ASEAN諸国より低い結果です。日本は男女格差においては、最後進国です。特に、ターゲット「5-5」の「政治や経済」における男女格差が大きいのです。「経済」における男女格差を是正し、男女平等を実現するために、企業の真剣な取り組みが求められています。

目標5「ジェンダー平等」のターゲット

5-1　すべての女性と女の子に対するあらゆる差別をなくす。

5-2　女性や女の子を売り買いしたり、性的に、また、その他の目的で一方的に利用することをふくめ、すべての女性や女の子へのあらゆる暴力をなくす。

5-3　子どもの結婚、早すぎる結婚、強制的な結婚、女性器を刃物で切りとる慣習など、女性や女の子を傷つけるならわしをなくす。

5-4　お金が支払われない、家庭内の子育て、介護や家事などは、お金が支払われる仕事と同じくらい大切な「仕事」であるということを、それを支える公共のサービスや制度、家庭内の役割分担などを通じて認めるようにする。

5-5　政治や経済や社会の中で、何かを決めるときに、女性も男性と同じように参加したり、リーダーになったりできるようにする。

5-6　国際的な会議※で決まったことにしたがって、世界中誰もが同じように、性に関することや子どもを産むことに関する健康と権利が守られるようにする。

※国際人口・開発会議（ICPD）の行動計画、北京行動綱領とそれらの検証会議の成果文書

ジェンダーギャップ指数（2021）上位国および主な国の順位

順位	国名	値	前年値	前年からの順位変動
1	アイスランド	0.892	0.877	―
2	フィンランド	0.861	0.832	1
3	ノルウェー	0.849	0.842	−1
4	ニュージーランド	0.840	0.799	2
5	スウェーデン	0.823	0.820	−1
11	ドイツ	0.796	0.787	−1
16	フランス	0.784	0.781	−1
23	英国	0.775	0.767	−2
24	カナダ	0.772	0.772	−5
30	米国	0.763	0.724	23
63	イタリア	0.721	0.707	13
79	タイ	0.710	0.708	−4
81	ロシア	0.708	0.706	―
87	ベトナム	0.701	0.700	―
101	インドネシア	0.688	0.700	−16
102	韓国	0.687	0.672	6
107	中国	0.682	0.676	−1
119	アンゴラ	0.657	0.660	−1
120	**日本**	**0.656**	**0.652**	**1**
121	シエラレオネ	0.655	0.668	−10

世界経済フォーラム「The Global Gender Gap Report 2021」

2 物流業界で 女性が活躍するメリット

○働く人の価値観やライフスタイルが変化

　働き手のライフスタイルや価値観が大きく変わっています。新型コロナ感染症によるパンデミックは、ライフスタイルの変化のスピードを加速させています。企業は、こうした変化に対応できなければ優秀な人材を確保することは難しくなります。

○多様な働き手への対応

　企業には、多様な人材を受け入れる職場環境や制度を構築することが求められます。多様な人材とは、女性だけでなく、高齢者や障害者、あるいは外国人も含まれるでしょう。また、男性であっても、仕事よりもプライベートを優先させたい人が多くなるなど、価値観は様々です。特に男社会の色彩の強い物流業界においては、管理職を中心とした従業員のこれまでの意識を変えることが重要です。職場での女性活躍を推進することは、ダイバーシティ経営への第一歩なのです。

○物流業界における女性活躍のメリット

　企業が女性を活用するメリットは少なくありません。特に、高齢化と労働力不足が顕著な物流業界においては、女性は新たな労働力として宝の山といえるでしょう。

　行政の考え方も大きく変わっています。従来は、女性労働者は「保護の対象」でしたが、女性活躍推進法の下では、「国家の経済成長の源泉」と位置付けています。育児のために職を離れた女性は、現状ではパートやアルバイトなど非正規雇用が多く、優秀な人材が埋もれています。一方で、

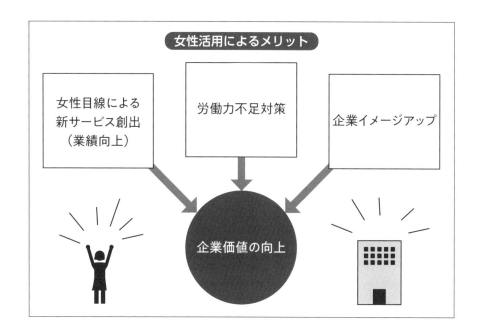

就業希望はあるが求職活動をしていない女性が300万〜400万人いるといわれています。

　女性管理職が多い企業ほど、業績が向上しているという調査結果もあります。女性の活躍をアピールすることで、企業イメージのアップにもつながります。

　女性が経営に参画することにより、女性特有の、男性とは違った細やかな気配りなど女性の感性による貢献も期待できます。女性目線による改善は、女性だけでなく全従業員にとって喜ばれる結果をもたらすという点がポイントです。

　経営判断にも、女性の持ち味を活かすこともできます。白石海運の白石早苗取締役は、自身の経験から「海運経営は女性が向いている」と思うそうです。それは、女性の持つ「堅実性」「やりくり上手」な点だといいます。

　まずは、職場の女性の意見をじっくり聞くところから始めてみてはいかがでしょうか。

3 女性に敬遠される物流業界のイメージと改善策

○物流業界のイメージは3K、男社会

　物流業界は、荷役作業などの重労働が必要であることや長距離トラックのイメージから、長時間労働があたり前の男社会と考えられ、女性からは敬遠されてきたように思われます。つまり、物流業界のイメージは3K（きつい、汚い、危険）、かつ男社会というものです。

　実際に、全産業平均と比べ労働時間は長く、一方で給与が低いのは事実ですし、清潔でない現場も少なくないでしょう。こうした労働条件や職場環境を改善し、魅力ある職場にすることが女性の活用につながります。このことは、女性を引き付けるだけでなく、既存の従業員にとってもよいことであり、社員のモチベーションアップにもつながります。

○物流業界で女性活躍を推進するための改善策

　物流業界において女性活躍を推進するためには、物流業界の「3K＋男社会」というイメージからの脱却を図ることが必要です。つまり、「きつい（作業）」・「汚い（職場）」・「危険（作業）」から、「楽（作業）」・「清潔（職場）」・「安全（作業）」な職場・労働環境を整えることで、男の職場というイメージも変えることができるはずです。

　そのためにどうするかを具体的にみてゆきましょう。

①「きつい」・「危険」な作業からの脱却

　「きつい」作業のひとつに荷役（貨物の積み降ろし）作業があります。女性のみならず高齢者にも嫌われるものです。これは、貨物をパレット化してフォークリフト作業を可能にするとか、自動倉庫や無人搬送車（AGV）

物流業界は女性にとって働きにくい？		
きつい？	長時間で不規則な労働？	➡両立支援制度や短時間勤務制度の導入（ワークライフバランス支援）
		➡中継輸送の導入
	荷役作業はある？ 重労働？	➡スワップボディの導入 ※海上コンテナ輸送、通運、ダンプカー等は荷役を伴わない
		➡パワーアシストスーツの導入
		➡自動倉庫の導入
		➡カートンの小型化
汚い？	施設は汚い？ トイレは男女共同？	➡女性専用トイレやシャワールームの設置 ※デザイン性の高い物流施設も続々誕生
危険？	交通事故が多い？	➡安全教育の徹底
		➡安全装置の取り付け
男性社会？	女性はいるの？ 女性も活躍できる？	➡女性の管理職への登用

出所：株式会社日通総合研究所「物流業界における女性活躍推進」

の導入など機械化することで改善可能です。パワーアシストスーツを導入するところも増えています。こうした技術革新によって、物流現場の作業をより楽に、より安全にすることが可能になります。

　長時間労働の改善は、中継輸送の取り組みによりドライバーが外泊することなく毎日自宅に帰ることができます。これは、配車にあたって車両ではなく、人を優先するという考え方です。

　また、子どもの送り迎えの時間を考えて、フレックス制や短時間労働などの勤務体系の導入も考えられます。夫婦で子どもの送り迎えを分担することも多いことから、この制度は女性だけのためともいえないものです。

②「汚い」職場の改善

　清潔で働きやすい職場環境の整備も重要です。清潔なトイレ、休憩室の設置、更衣室の整備などはもちろんです。近年、物流センターでは、カフェテリアや託児所を施設内に設けるところもあります。また、内航業界では新しく船舶を建造する場合に、女性専用の居室を設ける船会社も少なくありません。こうした職場環境の整備は、女性だけでなく全従業員にとって歓迎すべきものです。中小企業にもすぐに取り組めるものが少なくありません。できるところから取り組んでみてはいかがでしょうか。

③「男社会」からの脱却

　女性専用のトイレや更衣室の設置など施設の充実も重要ですが、それにもまして大切なことは、制度です。育児期にあたる20歳台後半から30歳台にかけて、女性の労働力率が落ち込む「M字カーブ」があります。育児のために離職すると、再就職しようとした場合なかなか正規雇用に就けないのが現状です。育児休暇はもちろんですが、離職者の復職の制度の創設なども人材確保の面からは必要な制度だと考えられます。

　こうした女性特有の事情に配慮した人事制度を創設することで、女性の活用を促進することが可能になります。

●清潔で安全・安心して女性が働ける職場をアピールするために

　働く人を主役にすることが、これからの企業にとって大事なことです。それをアピールすることで、優秀な人材を確保することができるのではないでしょうか。先述の、車ではなく人を優先した配車などもその例です。

　女性の活躍を推進している企業や、子育てをサポートしている企業を認定する制度が、「えるぼし」や「くるみん」です（詳細は72ページ）。こうした認証は、女性を活用、また子育てを支援している企業であることを客観的に証明するものです。したがって、こうした認証を取得すれば、それだけで女性が働きやすい職場だとアピールできます。

物流業界で女性活躍を推進するための改善策

「きつい・危険」改善策

- 貨物のパレット化
- 荷役の機械化
- 自動倉庫・無人搬送機の導入
- パワーアシストスーツの導入
- 中継輸送への取り組み
- フレックスタイムや短時間勤務制度の導入

「汚い」改善策

- 清潔なトイレ
- 休憩室の設置
- 更衣室の整備
- 福利厚生施設の充実（カフェテリア・託児所）

「男社会」改善策

- 産休・育休の充実
- 離職者の復職制度
- 「えるぼし」「くるみん」認証取得をアピール

4 「えるぼし」「くるみん」認定で 女性が働きやすい職場環境を

　女性の活躍推進や子育て支援を進める企業を認定する制度があります。
女性活躍推進法による「えるぼし」と、次世代育成支援対策推進法に基づく「くるみん」です。いずれも厚生労働大臣によって認定されます。
　認定を受けた事業主は、認定マークを商品や広告、求人票などに使用することができ、女性の活躍を推進、あるいは子育てをサポートしている事業主であることをアピールすることができます。えるぼし認定、くるみん認定を併せて取得することで、女性活躍推進企業、子育てサポート企業であることを効果的にアピールすることができます。

◯ 「えるぼし」

　「えるぼし」とは、女性の職業生活における活躍の推進に関する法律（以下、「女性活躍推進法」）に基づき、一定基準を満たし、女性の活躍促進に関する状況などが優良な企業を認定する制度です。また、えるぼし認定企業のうち、より高い水準の要件を満たした企業は「プラチナえるぼし」認定を受けることができます。女性が能力を発揮しやすい職場環境であるかという観点から、5つの評価項目が定められていて、その実績を「女性の活躍推進企業データベース」に毎年公表することが必要です。
　「えるぼし」には3段階あり、5つの評価項目（採用・継続就業・労働時間等の働き方・管理職比率・多様なキャリアコース）のうち、えるぼしの基準を満たしている項目数に応じて取得できる段階が決まります。
　2020年9月末時点で、えるぼしは1,134社、プラチナえるぼしは3社が認定を受けています。

えるぼし・プラチナえるぼし認定

1 段階目

2 段階目

3 段階目

プラチナえるぼし

えるぼし5つの評価項目
・採用
・継続就業
・労働時間等の働き方
・管理職比率
・多様なキャリアコース

えるぼし認定の段階
5つ（すべて）の基準を満たす：3 段階目
3〜4つの基準を満たす：2 段階目
1〜2つの基準を満たす：1 段階目

出所：厚生労働省　職場情報総合サイトしょくばらぼ

○「くるみん」

　「くるみん」は、次世代育成支援対策推進法に基づいた行動計画を策定し、目標を達成するなどの要件を満たした企業を、「子育てサポート企業」として厚生労働大臣が認定する制度です。くるみんには「くるみん」と「プラチナくるみん」の2種類があります。くるみん認定を受けたのち、さらに高い水準の取り組みを行っていることが認められた企業が、プラチナくるみんに認定されます。

　くるみんに認定されるためには、女性の育児休業取得率が75％以上であることや、小学校就学前の子どもがいる場合にフレックスタイムや時差出勤を選択できること、法定時間外労働および休日労働の平均が各月45時間未満であり、かつ法定時間外労働が月平均60時間以上の従業員がいないことなど10の基準があります。

　男性の育児休業取得率も含まれており、男性の育児参加も推進する内容となっています。プラチナくるみんには、男性従業員のうち育児休業を取

得した人の割合が13%以上、または、企業独自の育児休暇等を利用した人の割合が30%以上かつ1人以上が育児休業を取得していることや、出産した女性従業員のうち子どもが1歳になるまで継続して在籍した人の割合が90%以上であること、または、出産予定で退職した女性従業員等を含めた場合にその割合が55%以上であることなど12の基準があり、くるみんより高い水準の子育てサポートをしていることが求められます。

2021年10月末現在、くるみんには3,709、プラチナくるみんには465の企業・団体が認定されており、同年には、くるみんに390、プラチナくるみんには66の企業・団体がそれぞれ認定されています。

ちなみに、「くるみん」という名称には、赤ちゃんが包まれる「おくるみ」と、「企業ぐるみ」で子育てをサポートする、という意味が込められています。

❍ 「TOKYOパパ育業促進企業」

東京都は、男性従業員の育休取得率が過去2年度の平均で50%以上で、今後も取得しやすい環境整備に関する計画を策定している企業に、登録マークを付与する制度を設けています。取得率の実績に応じて「ゴールド」「シルバー」「ブロンズ」の3種類があります。

今の若者の間では、「子育ては夫婦共同」が常識となっています。この登録マークを取得することは、男性だけでなく女性にとっても好ましい企業に映ります。求人活動にも大いにプラスになることでしょう。

100%
ゴールド

75%以上
シルバー

50%以上
ブロンズ

出所：東京都　産業労働局

くるみんの10個の認定基準のうちの主な内容

☑ 男性従業員のうち、育児休業を取得した人の割合が7％以上、または、企業独自の育児休暇等を利用した人の割合が15％以上かつ1人以上が育児休業を取得していること

☑ 女性従業員のうち、育児休業を取得した人の割合が75％以上あること

☑ 小学校就学前の子どもがいる従業員が、時短勤務やフレックスタイムといった労働時間の短縮や就業時間の変更などの選択ができる制度があること

☑ 法定時間外労働および休日労働の平均が各月45時間未満であり、かつ法定時間外労働が月平均60時間以上の従業員がいないこと

☑ 残業時間削減、有給休暇取得促進、短時間勤務や在宅勤務・テレワークなどの多様な働き方の整備の3つの項目について、目標を定めて実施していること

プラチナくるみんの12個の認定基準のうちの主な内容

☑ 男性従業員のうち、育児休業を取得した人の割合が13％以上、または、企業独自の育児休暇等を利用した人の割合が30％以上かつ1人以上が育児休業を取得していること

☑ 残業時間削減、有給休暇取得促進、短時間勤務や在宅勤務・テレワークなどの多様な働き方の整備の3つの項目について、目標を定めて実施し、残業時間削減および有給休暇取得促進のどちらかの目標を達成していること

☑ 出産した女性従業員のうち、子どもが1歳になるまで継続して在籍した人の割合が90％以上であること、または、出産予定で退職した女性従業員等を含めた場合にその割合が55％以上であること

☑ 子育て中の女性従業員が継続して勤務し、活躍できるようなスキルアップやキャリア形成の支援に取り組んでいること

5 女性の活躍の場の拡大 に取り組む白石海運

● 「女人禁制」の海の職場

昔から漁師の世界は「女人禁制」が鉄則だったようです。軍隊小唄には、「女は乗せない輸送船」というフレーズさえありました。漁船には船魂様と呼ばれる女神が祭られていて、女性を船に乗せるとこの女神が嫉妬して不漁になるからだとされています。船に女神を祭るのは、日本だけでなく西洋の船でも同じだったようです。

船員という職業は、かつては「男の世界」でした。その背景には、女性のライフステージが男性とは異なり、船員という特殊な勤務形態に向かなかった面もあると思われます。

しかし、社会の価値観や労働環境は大きく変化しています。外国航路の船長はもちろん、自衛隊の護衛艦や海上保安庁の巡視船にも、女性艦長、船長が誕生しています。

一方で、内航海運では女性船員の活躍の場は広がっていないようです。船員という職業の特殊性を明らかにし、女性の活躍の場を広げるために何をすればよいかについて、その取り組み例をみながら考えてみます。

● 女性船員を増やすことの意味

内航海運業界にとっての最大の課題は、船員不足と船員の高齢化です。現在、内航海運における女性船員の割合は2％に届きません。女性船員の採用増は、船員不足対策として大きな意味を持ちます。もうひとつは、ダイバーシティによる経営上のメリットです。女性従業員の多い企業の業績がいいというデータもあるようです。

●女性の職業としての船員

　船員には、体力が求められます。船上作業を行う際には専用作業着の着用が義務付けられています。ゴム手袋もしくは皮手袋を着用し、安全帽、安全靴などを着用し、作業内容によっては救命胴衣も着用することになりますが、それらすべての総重量だけでも相当なものになります。体力面では女性は不利です。

　しかし最近は、機械化、自動化が進み、専門機器を操作する仕事が増え、女性が活躍できる場も広がっています。力仕事と細かい仕事をうまく分担することで、女性の活躍の機会も増えると思われます。

　女性は結婚や出産、育児などで海上勤務の継続が容易ではなく、それは個人の努力だけで解決できる問題ではありません。女性が継続して勤務できるようになるためには、家庭だけでなく社会や企業の支援が欠かせません。海上保安庁や自衛隊などの官庁や大手企業では、産休や育児休暇の制度はもちろん、再雇用など女性が継続勤務できる体制ができているところもあります。大型船では、女性用の居住スペースなども充実しています。

　一方、内航海運会社は中小企業が多く、まだまだ女性のライフステージを考慮した制度が未整備な企業がほとんどです。また、比較的小型船が多く、十分な居住スペースが確保できないこともあり、内航海運に女性船員が少ない要因となっているようです。しかし、中小企業にも可能であることは、白石海運の取り組みの例が証明しています。

　船員という職業は、体力面や不規則な生活などで厳しい面はありますが、知識やスキルを活かして働ける仕事であるため、制度さえ整えば女性にとっても魅力的な職業だといえるでしょう。そのためには、女性が子育てしながら継続して働ける制度を整えることが必要です。

●白石海運（株）の取り組み

　白石海運は1975年設立、第八大島丸、大島丸の２隻のタンカーを所有する、従業員11名の小規模な海運会社です。同社を率いるのは、３代目

にあたる白石早苗取締役です。船員は、派遣会社からの派遣を含めて18名（うち女性船員は2名）。そのほかに、結婚を機に船員から陸上勤務に転向した女性がいます。現在は、陸上社員として安全管理に関する業務に就いています。

女性の船員について、白石氏は「女性船員に特別に配慮することはありません。船の上では性別は関係ないからです」といいます。「ただし、女性は男性と違ってライフステージが多くあるので、仕事外での接し方などについて女性社員にはしっかり教育しています」と付け加えています。

労働環境の改善にも積極的に取り組んでいます。同社は、船員の働き方改革のポイントである時間外労働についての基準はすでにクリアしているといいます。

船員の勤務形態は特殊です。そのことが、船員という職業が若い人から敬遠される理由のひとつでもあります。一般に、内航海運の船員の勤務形態は「3か月勤務、1か月休暇」ですが、同社は他社に先駆けて「2か月勤務、20日休暇」に変えるなど、船員が家族と過ごせる回数を増やすことに配慮した勤務体制を組んでいます。

経営者にとって、定着率あるいは離職率は大きな関心事です。女性の場合、結婚や出産による退職を懸念する声を聞きます。この点について、白石氏は次のように考えているといいます。「離職率については、1年以内に退職する割合で男女による違いはありません。また、出産などで船員としての勤務が不可能な場合は仕方がないと思います。その場合は、陸上勤務に変更することもあります。それができない場合は、他の企業・職場を紹介します。また、何年後かの復職も歓迎です。ただ、その点（離職）は、あまり気にしていません。一定期間は仲間として働き、会社に貢献してもらえればそれでいいと思います。その空いた穴を新しい誰かが（男女関係なく）埋めてくれればいいわけです」。

女性が安心して働ける海の職場を提供するだけでなく、女性経営者として多様性を活かしていることが白石海運の強みかもしれません。

白石海運の「第八大島丸」（総トン数199トン/黒油500KL積）

画像提供：白石海運

コラム3 SDGsポセイドン原則
(The Poseidon Principles)

　ポセイドン原則（The Poseidon Principles）は、国際海事機関（IMO）が掲げる中長期的な温室効果ガス排出削減目標の達成に資する海運業界に対し、金融面から貢献することを目的として設立されました。同原則に署名した金融機関は、融資先の海運会社がIMO目標に即しているかを定量的に評価することにコミットしています。

　同原則は、2019年6月に船舶ファイナンスを手掛ける欧米主要金融機関11行により設立されたものです。その後、署名機関は23社にまで増えています。日本の金融機関としては三井住友銀行、三井住友信託銀行、政策投資銀行および新生銀行の4行が署名しています（2021年3月）。

　ポセイドン原則の運営は、署名金融機関で構成されるポセイドン原則協会（The Poseidon Principles Association）が担います。同原則は、気候変動への適合性評価（Principle 1：Assessment of climate alignment）、説明責任（Principle 2：Accountability）、実行（Principle 3：Enforcement）、透明性（Principle 4：Transparency）の4原則で構成されています。

　ポセイドン原則の対象船舶は、総トン数5,000トン以上で国際航海等に従事する融資担保船です。これら3要件を満たす船舶が対象です。

　ポセイドン原則が現在、遵守基準としているものは、IMOが策定した「GHG戦略」に記されている内容です。具体的には、2050年までに二酸化炭素排出量を2008年比で半減、原単位排出量を2030年までに同40％、2050年までに同70％削減するというものです。達成状況は毎年報告が義務付けられ、報告した内容はポセイドン原則の年次報告書の中で公表されます。

第**4**章

目標7「クリーンエネルギー」と物流

　燃料を燃焼することで発生する温室効果ガス（二酸化炭素：CO_2が85%を占める）をエネルギー起源CO_2といい、地球温暖化の大きな原因となっています。発電所などのエネルギー転換部門が42%、産業部門が27%、次いで多いのが運輸部門で20%を占めます（電気・熱配分前、2019年）。政府は温室効果ガス排出量算定・報告制度により、2017年度から大口排出事業者の排出量を公表しています。これによると、上位10事業所はすべて電力と鉄鋼の事業所です。

　物流事業者にとって、トラックやフォークリフトなど荷役機器の動力源を重油から電気に替えればいいという単純なものではありません。仮に電気に変えたとしても、その電気が作られる段階で石炭や石油に頼っていたとしたら、本当にCO_2削減に貢献しているとはいえません。再生可能エネルギーに替えるなど、エネルギーのクリーン化が必要です。

　20世紀は石油の時代でしたが、現代は石油から再生可能エネルギーの時代へと転換が進んでいます。

　この章では、運輸部門だけでなく倉庫などを含めた物流業全体における、エネルギー転換によるSDGsへ向き合う姿を浮き彫りにします。

1 石炭から石油へ、そして再生可能エネルギーの時代へ①

　人類は、二足歩行をすることで自由になった「手」で、道具を使うようになり、火を利用するようにもなりました。ヒト属による単発的な火の使用の開始は、170万年から20万年前までの広い範囲で説が唱えられています。最初期は、火を起こすことができず、野火などを利用していたものと思われます。1929年に中国の周口店で発見された50万年前の北京原人の遺跡から火を使った痕跡がみつかっているので、考古学では、人類と火の歴史は少なくとも50万年前にさかのぼると考えられています。

　火を知った人類は、あかり、暖房、調理、猛獣からの防御に火を利用してきました。火は人類にとって欠かせないものであり、形を変え、現代までその利用は続いています。そのエネルギー源は、主として化石燃料でした。その後、化石燃料の燃焼によるCO_2の発生が環境を破壊することが認識され、人類のエネルギー源が化石燃料から非化石燃料へと変わる大きな転換期を迎えています。

●産業革命を支えた石炭

　長い間、人類は熱エネルギーとして薪や炭化させた木炭を利用してきました。16世紀ごろには森林資源の枯渇が深刻になり、このころから石炭が使われるようになりました。1765年、ワットが蒸気機関を発明し、紡績・織物工場、蒸気機関車や汽船などの輸送機関でも使用されるようになりました。石炭がエネルギーの主役になり、産業革命を支えました。

●石炭から石油へ

　20世紀になるとエネルギーの主役は石炭から石油に代わりました。液

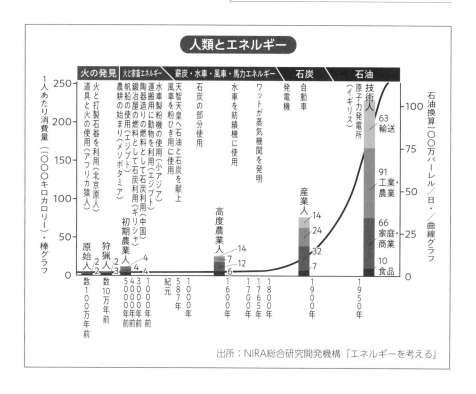

出所：NIRA総合研究開発機構「エネルギーを考える」

体である石油は輸送や貯蔵に便利であったというのが大きな要因です。また、1950年代に中東やアフリカで相次いで大油田が発見され、この頃から石油が世界的に潤沢に供給されるようになったことも大きな要因です。

　大量かつ安く供給されるようになった石油は、自動車や船舶などの交通機関や暖房、火力発電の燃料として、また製鉄や石油化学製品の原料として、消費量が飛躍的に増えました。日本では、1962年に原油の輸入が自由化され、この年に日本のエネルギー供給において、石油が石炭を抜きました。その後、1973年には日本の１次エネルギー（自然から採取されたままの物質を源としたエネルギー）のおよそ８割を石油が占めるまでになりました。

　エネルギーの主役の交代は、国内物流におけるエネルギー輸送を担う内航海運にも大きな影響を与えました。明治以降、日本の内航海運は石炭輸

送と共に発展してきましたが、石炭から石油の時代に移り、その輸送貨物も大きく変化しました。1957（昭和32）年、内航海運輸送に占める石炭の割合は輸送活動量（トンキロ）で53％を占めていましたが、1963（昭和38）年には19％に減少しました。2012年には内航海運による石炭の輸送は、わずか1.5％でしかなくなりました。

○物流分野におけるエネルギー起源のCO_2排出

　日本の温室効果ガスの排出量は、12.4憶トン（2018年度）です。排出量の85％がエネルギー起源によるもので、そのうち、運輸部門、つまり自動車、鉄道、船舶や航空機の燃料から排出されるCO_2は20％です。

　物流分野では、こうした運輸部門に加えて、倉庫などの物流施設では冷凍・冷蔵やフォークリフトなどの荷役機器の使用で電力を消費します。こうした電力の発電が化石燃料によるものであれば、発電時にCO_2を大量に排出しているわけです。そうしたことを考慮するなら、物流事業者は、単に輸送機関の燃料だけでなく、物流施設で使用する電力のことも考える必要があります。実は、発電所などの、いわゆるエネルギー転換部門のCO_2排出が全体の42％を占めているのです。

　1950年代の日本の電力は水力発電が主流だったことからエネルギー自給率は58％ありましたが、その後、石炭や石油の火力発電の割合が大きくなり、さらに東日本大震災の影響で原子力発電の割合が減少したため、2018年の自給率はわずか11.8％です。近年、LNGによる発電が多くなっていますが、石炭、石油、LNGも化石燃料であり、CO_2排出をゼロにすることはできません。また、これらのほとんどを輸入に頼っているのが現状です。CO_2削減のためには再生可能エネルギーへの転換が必要です。このことはエネルギー自給率向上にも貢献します。

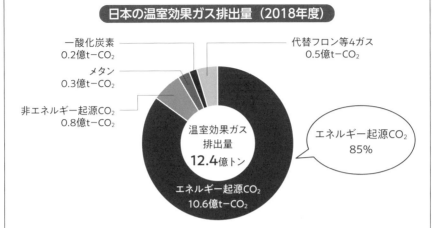

日本の温室効果ガス排出量（2018年度）

一酸化炭素
0.2億t−CO₂

メタン
0.3億t−CO₂

非エネルギー起源CO₂
0.8億t−CO₂

代替フロン等4ガス
0.5億t−CO₂

温室効果ガス
排出量
12.4億トン

エネルギー起源CO₂
10.6億t−CO₂

エネルギー起源CO₂
85%

出所：資源エネルギー庁HP

エネルギー起源CO₂排出量の部門別内訳

□我が国のエネルギー起源CO₂排出量を部門別に見ると、電気・熱配分前排出量[*1]
では、エネルギー転換部門からの排出が最も多く、全体の約4割を占めている。

□一方で、電気・熱配分後排出量[*2]では、産業部門からの排出が全体の4割弱と
最も多く、次いで運輸部門、業務その他部門、家庭部門となっている。

電気・熱配分前排出量[*1]

エネルギー転換部門42%
（4億3,300万トン）

産業部門27%
（2億7,900万トン）

エネルギー起源
CO₂排出量
10億2,900万トン
※2019年度速報値

運輸部門20%
（1億9,900万トン）

家庭部門5%
（5,340万トン）

業務その他部門6%（6,460万トン）

電気・熱配分後排出量[*2]

エネルギー転換部門8%
（8,560万トン）

産業部門38%
（3億8,600万トン）

家庭部門15%
（1億5,900万トン）

エネルギー起源
CO₂排出量
10億2,900万トン
※2019年度速報値

業務その他部門19%
（1億9,200万トン）

運輸部門20%（1億700万トン）

*1 発電及び熱発生に伴うエネルギー起源のCO₂排出量を、電気及び熱の生産者側の排出として、
生産者側の部門に計上した排出量

*2 発電及び熱発生に伴うエネルギー起源のCO₂排出量を、各最終消費部門の電力及び熱の消費
量に応じて、消費者側の各部門に配分した排出量

出所：経済産業省「温室効果ガス排出の現状等」

2 石炭から石油へ、そして再生可能エネルギーの時代へ②

●再生可能エネルギー

　再生可能エネルギー（Renewable Energy）とは、石油や石炭、天然ガスといった有限な資源である化石エネルギーとは違い、太陽光や風力、地熱といった地球資源の一部など自然界に常に存在するエネルギーのことです。その大きな特徴は、「**枯渇しない**」「**どこにでも存在する**」「**CO_2を排出しない（増加させない）**」の3点です。

　日本では、2009年8月施行の「エネルギー供給事業者による非化石エネルギー源の利用および化石エネルギー原料の有効な利用の促進に関する法律（通称「エネルギー供給構造高度化法（高度化法）」）」および「同施行令」において、定義および具体的な種類が規定されています。同法では、「非化石エネルギー源のうち、エネルギー源として永続的に利用できると認められるもの」と定義しています（法第2条第3項）。

　その具体的な種類として、次の7種類があげられています。①太陽光、②風力、③水力、④地熱、⑤太陽熱、⑥大気中の熱その他の自然界に存在する熱、⑦バイオマス（動植物に由来する有機物）。そのエネルギーは、電気、熱、燃料製品に利用されます。

●石油の時代から再生可能エネルギーの時代へ

　地球環境に対する関心が高まるにつれて、再生可能エネルギーに注目が集まっています。実は、再生可能エネルギーの歴史は古く、19世紀には水力発電や風力発電が誕生しています。

　1878年にイギリスのウィリアム・アームストロングが、水力発電を世界ではじめて行ったという記録が残っています。日本でのはじめての水力

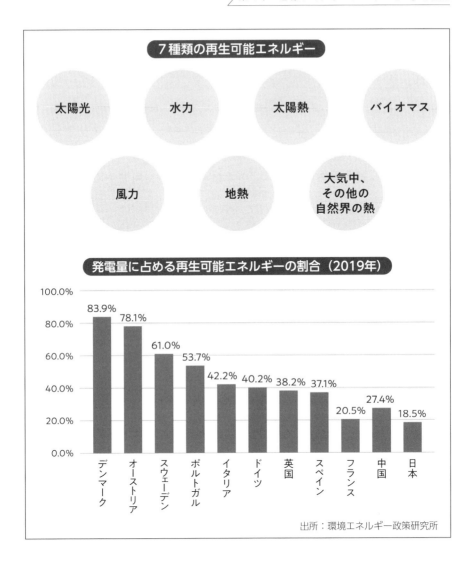

発電は、1888年に宮城紡績会社が自家用として行ったと記録されています。

　水力発電登場の10年後の1887年、イギリスのジェームス・ブライスが、世界ではじめて風力発電に成功します。その後、1891年にデンマークのポール・ラクールが、現在の風力発電の基礎となる技術を確立し発展していきました。

1997年には京都議定書が制定され、温室効果ガスの排出が規制されたため、世界的に再生可能エネルギーを導入しはじめました。これが石油から再生可能エネルギーへの転換点といってもいいのではないでしょうか。積極的に推進したのは欧州諸国ですが、その後、COP21の「パリ協定」を経て、世界的に拡大していきます。日本は欧州に比べ大きく出遅れた感は否めません。**発電量に占める再生可能エネルギーの割合は、欧州主要国が軒並み40%超であるのに比べ、日本はその半分にも満たない**のが現状です。

●日本の再生可能エネルギー導入への取り組み

日本における本格的な再生可能エネルギーの取り組みが始まったのは、1974年です。きっかけとなったのは、改組しながら2000年まで国家プロジェクトとして進められることとなる「サンシャイン（SS）計画」でした。背景には、前年の1973年に起きた第一次オイルショックがありました。

この計画を契機に、日本国内で太陽光発電の技術開発がスタートします。サンシャイン計画のもと、ほかの再生可能エネルギーについても研究が進められました。

本格的な再生可能エネルギーへの取り組みの契機は、2020年の菅首相（当時）による「カーボンニュートラル宣言」です。それまで、COPに基づき欧州諸国が「脱炭素」に向けて取り組む中で、日本はどちらかというと「省炭素」であったと思われますが、菅首相の宣言を機に、日本も官民挙げて「脱炭素」に大きく舵を切りました。

再生可能エネルギーで注目されるのは、太陽光発電と風力発電です。太陽光発電は、自家消費・地産地消が中心と思われます。一方、大型電源として期待されるのが風力発電です。ヨーロッパなどに比べると日本は台風や地形などの問題から風力発電に適さないのではないかという議論もあり、欧州に比べ大きく遅れています。しかし、周囲を海に囲まれているという地形を活かし、洋上風力発電の導入が注目されており、多くのプロ

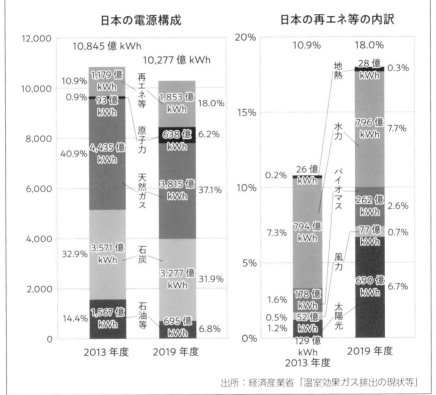

日本の電源構成

- 2019年度の日本の電源構成について、再生可能エネルギーは18.0%となり、2013年度から7.2ポイント増加した。
- 原子力は6.2%で、2013年度から5.3ポイントの増加となった。
- 火力は75.8%で、2013年度からは12.5ポイント減少した。
- 2013年度と比較すると石油の減少が7.7ポイントと最も大きく、次いで天然ガスが3.8ポイント、石炭が1.0ポイント減少した。

日本の電源構成

日本の再エネ等の内訳

出所：経済産業省「温室効果ガス排出の現状等」

ジェクトが進行中です。

　新たなエネルギー基本計画（素案）では、2050年のカーボンニュートラル（2020年10月表明）に向けて、2030年の46%削減、さらに50%の削減目標（2021年4月表明）の実現を目指しています。

3 物流業界の取り組み（トラック）

　トラック業界におけるSDGsへの取り組みで最大の課題は、エネルギー問題です。運輸部門のCO_2排出量は全体の18.5%、そのうちトラックが36.6%（日本全体の6.8%）を占めています（2018年度）。

　輸配送時のCO_2排出を最終的にゼロにするためには、現在のディーゼルエンジントラックでは達成できません。すでに、大手事業者は輸配送時のCO_2排出をなくすための取り組みを始めています。これは、投資家（ESG投資）や消費者（企業イメージ）などを考慮したものですが、それ以上に現実的な問題として**荷主のサプライチェーン全体のCO_2削減への要請**という背景があります。その意味では、中小事業者も輸配送時のCO_2削減の問題であり、トラック燃料の転換には遅かれ早かれ取り組まなければならないのです。ここでは、運輸事業者のトラックによる輸配送時のCO_2削減の取り組みの例を紹介します。

●トラックによるCO_2排出削減対策

　多くの事業者は、荷物の積み降ろしや休憩時などにおけるアイドリングストップの徹底や、蓄熱マット・エアヒーター・蓄冷式クーラー等の補助装置の装着促進により、燃料消費量の削減、CO_2排出量の削減を図っています。また、モーダルシフトや共同物流に取り組んでいます。モーダルシフトは、トラック輸送の一部を鉄道や船などのCO_2排出の少ない輸送機関に代替することです。共同物流は、輸送の効率化で輸送に必要なトラック台数を減らす試みです。つまり、トラック輸送そのものを減らすことによるCO_2削減効果を求めるものです。これである程度の削減効果は見込めますが、CO_2排出をゼロにするものではありません。

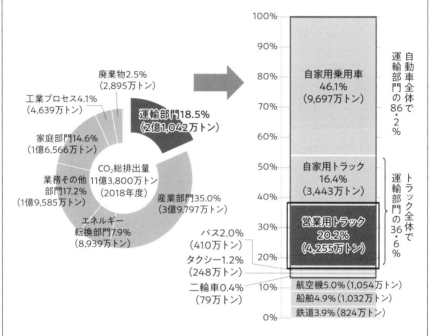

運輸部門/営業用トラックのCO$_2$排出量の内訳（2018年度）

- 2018年度の運輸部門のCO$_2$排出量は全体の18.5%を占めている
- 自動車全体で運輸部門の86.2%を占める（日本全体の15.9%）
- トラック全体で運輸部門の36.6%を占める（日本全体の6.8%）
- 営業用トラックは運輸部門の20.2%を占める（日本全体の3.7%）

廃棄物2.5%
（2,895万トン）

工業プロセス4.1%
（4,639万トン）

家庭部門14.6%
（1億6,566万トン）

運輸部門18.5%
（2億1,042万トン）

業務その他
部門17.2%
（1億9,585万トン）

CO$_2$総排出量
11億3,800万トン
（2018年度）

産業部門35.0%
（3億9,797万トン）

エネルギー
転換部門7.9%
（8,939万トン）

自家用乗用車
46.1%
（9,697万トン）

自動車全体で運輸部門の86・2%

自家用トラック
16.4%
（3,443万トン）

トラック全体で運輸部門の36・6%

営業用トラック
20.2%
（4,255万トン）

バス2.0%
（410万トン）

タクシー1.2%
（248万トン）

二輪車0.4%
（79万トン）

航空機5.0%（1,054万トン）
船舶4.9%（1,032万トン）
鉄道3.9%（824万トン）

国立環境研究所温室効果ガスインベントリオフィス（GIO）のデータより全ト協作成

出所：全日本トラック協会「カーボンニュートラルに向けた自動車政策検討会 トラック運送業界
における認識と課題」

●次世代トラックの導入①

　天然ガストラック（CNG／LNG）、ハイブリッドトラックなどの次世代トラックの導入によって、CO$_2$の排出削減を図る事業者が増えています。ガソリンや軽油の代わりに天然ガスを燃料として使用するものです。天然ガス自動車は、従来のガソリンや軽油を燃料としている自動車に比べ

て、CO_2の排出量を10～20%程度削減することができます。

　自動車のハイブリッドとは、異なる2種類のエンジンを搭載した車両のことを指し、トラックでは、ディーゼルエンジンと電気モーターの組み合わせが採用されたエンジンを持つ車両のことです。天然ガストラックもハイブリッドトラックもCO_2削減効果はありますが、ゼロにするものではありません。したがって、CO_2排出ゼロに対する根本的解決策ではありません。あくまでも過渡期的な対応というべきでしょう。

●次世代トラックの導入②

　環境対策として電気トラックを導入する事業者が増えています。小型電気トラックはすでに三菱ふそうのeCanterなどが販売されていますが、長距離走行において不安が残っているようです。MAN、メルセデスベンツ、DAF、ルノー、ボルボ等様々なメーカーが電気トラックの開発を行っています。いすゞ自動車は2022年から小型電気トラックの販売を開始しました。小型電気自動車を宅配事業者の集配業務などに導入する事業者が増えています。

　価格面では中国メーカーが優位に立っています。中国BYDは、フルラインで電気トラック・バスを揃えており、すでに沖縄、京都、福島、岩手、東京、千葉等にEVバス「J6」を販売しています。日本の物流事業者にも中国製の電気トラックの導入を決めているところがあります。佐川急便は、中国の広西汽車集団から軽のEV商用車を7200台採用することを決めています。

　幹線輸送に使われる大型トラックは、十分な航続距離と積載量、短時間での燃料供給が求められます。その電動化においては、エネルギー密度の高い水素を燃料とする燃料電池システムが有効であると考えられています。

　アサヒグループホールディングス株式会社、西濃運輸株式会社、NEXT Logistics Japan株式会社、ヤマト運輸株式会社、トヨタ自動車株式会社、日野自動車株式会社は、燃料電池大型トラック（FC大型トラック）の走

車両総重量3.5t超の営業用トラックに対する税制優遇の概要

名称	対象・要件	特例措置の内容
エコカー減税 （重量税）	・電気自動車 ・燃料電池自動車 ・天然ガス自動車（平成21年排出ガス規制NOx10%以上低減） ・プラグインハイブリッド自動車	免税
環境性能割 （旧・取得税）		非課税
グリーン化特例 （自動車税）	・電気自動車 ・燃料電池自動車 ・天然ガス自動車（平成21年排出ガス規制NOx10%以上低減または平成30年排出ガス規制適合） ・プラグインハイブリッド自動車	翌年度分についておおむね75%軽減

出所：全日本トラック協会

行実証を2022年春から実施しています。航続距離の目標を約600kmとして実用性の高いトラックを目指しています。

　電気トラックや燃料電池大型トラックは、走行時にCO_2を排出しないことから、地球温暖化防止のための究極のエコカーとして注目されています。ただし、他の章でも触れていますが、供給される電気や水素そのものを作る時にCO_2を排出していては意味がありません。電気や水素の生成時に使用する電力が再生可能エネルギーを使用しているなど、クリーンであることが重要です。

●次世代トラックを導入する際に税制優遇を利用する

　環境対応の次世代トラックを導入する場合、税制面の優遇措置があります。エコカー減税、環境性能割、グリーン化特例の3種類です。電気自動車や燃料電池車だけでなく、天然ガス自動車やハイブリッド自動車にも適用されます。こうした制度を利用して早めに次世代トラックに代替することで、企業イメージの向上と競合他社に対して競争優位に立つことが可能となります。

4 物流業界の取り組み（航空）

⭕「飛び恥」の航空業界

　航空分野のCO_2排出量は、国内線では運輸部門のうち5.1%、全体の排出量に占める割合は0.9%です。国際線については、日本の航空会社の排出量は世界の国際航空の3%です。国内線、国際線合わせても大きな数字ではありません。しかしながら、環境活動家のグレタ・トゥーンベリさんが提唱した「飛び恥」という言葉が話題になり、「化石燃料」の燃焼により提供される航空サービスが目立つ存在になりました。

　こうした世論を背景に、航空業界は脱炭素化に向けて積極的に取り組んでいます。世界の航空会社で構成される国際航空運送協会（IATA：International Air Transport Association）は2021年10月、「2050年炭素排出をネットゼロ」という目標を採択しました。

⭕SAFの活用

　脱炭素化に向けた具体的な取り組みとして、新技術の導入、運航方式の改善、代替燃料の導入などがありますが、その中でもっとも影響が大きいのが**現在のジェット燃料に代わる燃料の導入**です。現在使用されているジェット燃料は、石油から製造される石油製品の一種です。灯油やガソリンに近い性質を備えています。

　航空機は大量に燃料を消費するといわれますが、どのくらい消費するのでしょうか。非常に燃費がいいといわれるボーイング787でみてみると、ジェット燃料1リットルあたりの飛行距離は0.12kmです。一般的な乗用車の走行距離8〜10kmと比べるとイメージできるでしょう。

　現在、航空業界をあげて取り組んでいるのが、ジェット燃料を代替する

化石燃料とSAFの違い

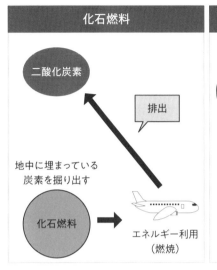

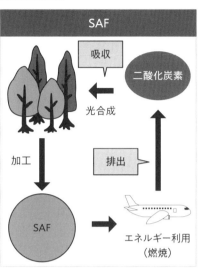

出所：サステナブルタイムズ

SAFの特徴・利点

SAF の CO₂ 削減率

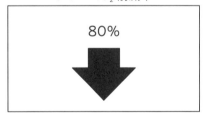

現在の SAF 需給ギャップ

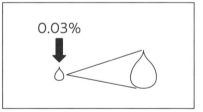

横断的な協力が必要

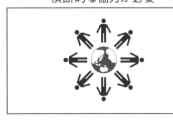

SAF 普及のマイルストーン

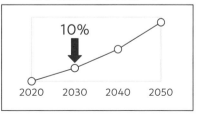

燃料SAF（Sustainable Aviation Fuels：持続可能な航空燃料）の活用です。

　SAFは、バイオ燃料です。原料は廃食油、木くず、バイオエタノールなどです。従来の原油から作る燃料と比べて二酸化炭素の排出量を80％程度減らせるとされています。しかしながら、2020年の世界のSAF生産量は10万キロリットル程度でした。これは世界の航空燃料消費量の0.03％にすぎません。絶対的に不足しているのが現状です。バイオ燃料の原料は他の用途にも使われるため、原料の確保が困難というのも大きな理由です。そのため、各航空会社はSAFの確保が喫緊の課題といえます。日本の航空会社は国内で調達できないことから、海外の企業と提携を図ってその確保に努めています。航空業界が、2050年に「カーボンネットゼロ」を達成するためには、2030年には10％をSAFへ移行させなければいけません。

●SAFは物流の新たなビジネスチャンス

　航空業界にとって、航空燃料のSAFへの移行は喫緊の課題です。

　このことは空港にとっても重要です。航空機へのSAFの供給体制を構築する必要があり、**SAFの供給の可否が空港の競争力を左右することになる**からです。

　SAF市場は大きな成長市場になると期待されており、日本企業のSAF製造への参入が相次いでいます。伊藤忠商事や三菱商事、ENEOS、日揮・コスモ石油、JERAなどがSAF製造に乗り出しています。

　政府もSAF製造に補助金を用意するなど、官民挙げてSAF供給インフラの構築に向けて積極的に取り組んでいます。SAFを安定的に供給することが、拠点空港としての最低の条件となるからです。

　SAFの原料には、腐食油、都市ごみ、木質バイオマスやサトウキビ由来のものなどがあります。海外から輸入するものもありますが、都市ごみや腐食油など国内の原料が少なくありません。SAF製造と供給網を作るには、**生産・配送以上に原料の収集が大きな比重を占める**ことになります。輸入の場合は大量に一括して運べばいいでしょうが、腐食油や都市ごみ、

分　類		主な原料・事業	
国産	国内の原料	腐食油由来	➡日揮・コスモ石油など
		都市ごみ由来	➡丸紅・ENEOSなど
		木質バイオマス由来	➡JERA・東洋エンジニアリングなど
	海外の原料	サトウキビ由来	➡三井物産・ANAなど
輸入	原料も製造も海外	腐食油や獣脂由来	➡ネステが製造、伊藤忠商事が販売

日本でのSAF供給の事業動向

出所：日本経済新聞　2022.6.4

バイオマスなどの収集は、多数、小口の収集になります。

その意味では、生産や配送は大手の物流事業者が担うにしても、**原料の収集は中小事業者にもチャンスがある**のではないでしょうか。

航空機によるSAFの導入は、今までになかった新たな物流を生み出します。もちろん、船舶によるアンモニアや水素の輸送にしても新たな物流を生み出しますが、これらは特殊な技術やノウハウが必要であると同時に投資も伴います。しかし、SAFの場合は、その市場の多くは国内で、小回りが利くことが重要な場面が多いことから、中小物流事業者にとって大きなビジネスチャンスとなるでしょう。

SAFの輸送や保管などに関わることがSDGs目標達成への貢献にもなります。物流という本業そのものが、SDGsへの貢献になる。これこそが、本来の姿ではないでしょうか。

5 物流業界の取り組み（外航海運）

国際海事機関（IMO）は、海運のGHG（温室効果ガス）排出量を2030年までに40%、2050年までに50%削減を目標に掲げています。日本の海運業界は、日本船主協会が2050年までに、GHG排出量ゼロを目指すことを宣言し、世界の海運界の脱炭素化をリードする姿勢を鮮明にしています。

●強まる荷主のCO$_2$削減要請

海運業界が積極的に脱炭素に取り組む背景には、金融機関や投資家の要請もありますが、何より荷主からの要請が強まっていることが挙げられます。例えば、ドイツの自動車メーカーであるフォルクスワーゲンは、自社の車の海上輸送において、より環境にやさしい船舶としてLNG燃料船を使うことを要請しています。要請といっても、実質的には輸送条件ともいえる強いものです。

日本の大手海運会社である日本郵船、商船三井、川崎汽船はともに自動車輸送の大手でもあり、多くの自動車専用船（Pure Car Carrier：PCC）を運航しています。すでにLNG燃料のPCCも就航していますが、3社とも大量のPCCを新規発注しています。

また、フランスの大手コンテナ船社であるCMA-CGMは、自社運航のコンテナ船をLNG燃料へ切り替えており、「低炭素海上輸送サービス」と銘打って積極的に荷主にアピールしています。

船舶による海上輸送もサプライチェーンの重要な構成要素である以上、脱炭素化は避けて通れません。荷主の要請で仕方なく脱炭素に取り組むか、あるいはCMA-CGMのように積極的にマーケティング戦略として脱炭素に取り組むか、いずれにしても脱炭素化は既定路線だということです。

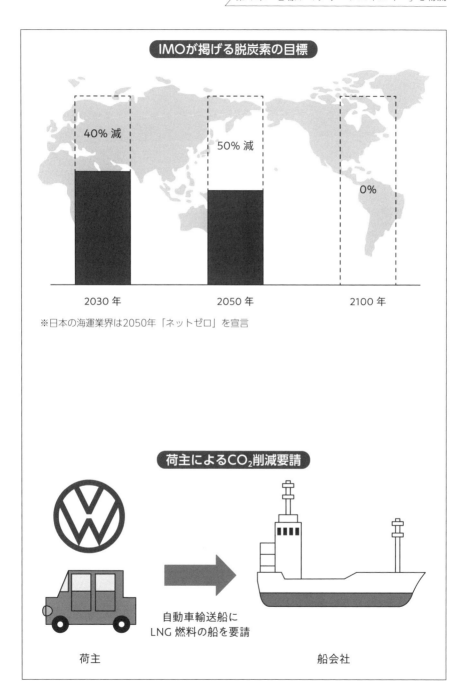

IMOが掲げる脱炭素の目標

40% 減　2030 年

50% 減　2050 年

0%　2100 年

※日本の海運業界は2050年「ネットゼロ」を宣言

荷主によるCO₂削減要請

自動車輸送船に
LNG 燃料の船を要請

荷主　　　　　　　　　　　　　　　　船会社

●CO₂排出量ゼロの船舶の模索

現在のほとんどの船舶はディーゼルエンジンであり、重油を燃料としています。脱炭素を目指す海運界としては、**重油に代わる新燃料に切り替えることが最大の課題**です。

現在、LNG燃料による自動車専用船やコンテナ船の新規建造が相次いでいますが、LNGも化石燃料であることに変わりありません。重油に比べてLNGはCO_2の排出量が25〜30%削減されます。その意味では、省炭素であって、脱炭素ではないということです。次世代の船舶燃料として、メタノール・エタノール、水素やアンモニアあるいは風力や電気といったエネルギーの利用が考えられていますが、それぞれに長所・短所があり、何が主流になるのかまだ決まっていません。LNGは過渡期的な燃料で、将来的には他のものに置き換わっていくものと考えられます。

また、風力は補助的な役割と思われます。電気推進への期待もありますが、外航海運における大型船舶を長距離動かすには課題も少なくありません。

デンマークの大手コンテナ会社であるマースクラインのように、メタノールに注目する船会社もありますが、水素とアンモニアが次世代の船舶燃料として有望なのではないでしょうか。アンモニアは輸送・貯蔵のノウハウが確立されており、利便性が高い反面、毒性があって取り扱いが難しいという欠点もあります。水素は液体として保管・貯蔵するにはマイナス253℃に冷却する必要があり、さらに体積が大きく重油の4.5倍もあります。そのため、燃料タンクが必然的に大きくなります。アンモニアと比べて、水素は非常に燃えやすいので燃焼速度が速く、高い燃焼抑制技術が必要です。それに加え、輸送や燃料供給のインフラ設備もまだまだの状態です。

現在、海運大手各社とも様々な船舶燃料の実証実験に取り組んでいます。今後の技術開発にもよりますが、当面はLNG燃料船を中心に、将来的にはどれかひとつではなく、アンモニアや水素などいくつかの燃料による船舶が中心的な役割を果たすようになると考えられます。

各燃料の特徴

LNG

 利点

・CO_2 削減約 26%
・導入実績あり

 課題

・メタンスリップが発生
※メタンスリップ
（温室効果：CO_2 の 25 倍）

水素

 利点

・CO_2 発生ゼロ

 課題

・高い燃焼抑制技術が必要
・体積が重油の 4.5 倍
・貯蔵技術
・インフラが未整備

アンモニア

 利点

・CO_2 発生ゼロ
・肥料用として輸送
・貯蔵ノウハウあり

 課題

・難燃性
・N_2O の発生
・体積が重油の 2.7 倍
・毒性

メタノール

 利点

・CO_2 発生ゼロ
※再エネ生産時
・導入実績あり

 課題

・体積が重油の 2.4 倍
・LNG と比べると割高

出所：フォワーダー大学

6 物流業界の取り組み（内航海運）

　内航海運のGHG排出量の削減目標は、国際海事機関（IMO）の設定している外航海運の目標よりも緩やかな、2030年（2013年比）15%削減というものです。ただ、外航海運並みの削減目標に引き上げるべきという声が上がっています。

●内航海運における次世代燃料への転換の取り組み

　内航海運においても外航海運と同様に、将来的には燃料の脱炭素化は避けられません。一部では、LNG燃料船やアンモニア燃料船、あるいは電気推進船などが建造されています。

　例えば、株式会社商船三井内航は、LNG燃料の内航ばら積貨物船を2020年に就航させました。また、株式会社フェリーさんふらわあは、LNG燃料のフェリー2隻を建造、2023年1月と4月に別府航路に投入しています。株式会社新日本海洋社や日本栄船株式会社は、LNG燃料のタグボートを投入しています。2022年4月には、旭タンカー株式会社による世界初のゼロエミッション電気推進タンカーが就航しました。

　ここで取り上げた企業は、いずれも商船三井や日本郵船グループです。つまり、内航海運における次世代燃料への取り組みは一部大手海運会社のグループに限られたものであり、全体としてその動きは遅いようです。

　外航海運では次世代燃料として水素やアンモニアが有力とみられていますが、内航海運は航行距離が比較的短く、何より構造が簡単でメンテナンスなどで従来に比べ大きく省力化できる点から、電気推進の船舶が有効だという見方もあるようです。

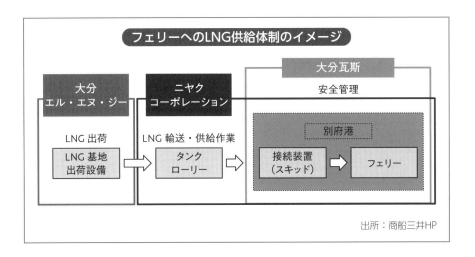

フェリーへのLNG供給体制のイメージ

出所：商船三井HP

○内航海運の環境への取り組みと市場構造問題

　内航海運が運ぶ貨物の8割は石油、石炭、鉄鋼、セメントなどの産業資材です。こうしたことから、内航海運は石油、鉄鋼など大手メーカーが荷主であり、その荷主を頂点として元請け海運会社、そしてその下に運航会社（オペレーター）、さらにその下に船主（オーナー）というピラミッド構造が作られています。こうした構造の中で、荷主や元請け会社が圧倒的な発言権を持っており、環境問題への取り組みは荷主や元請け会社の意向次第、オーナーは指示待ちの状態ではないでしょうか。

○クリーンエネルギーと内航海運のビジネスチャンス

　脱炭素化の達成に向けて、社会全体がGHGを排出しないクリーンなエネルギーへの転換に取り組み始めています。当然、内航貨物の大きな割合を占めている石油などの輸送需要は減少するでしょう。一方で、アンモニアや水素運搬などの新たな輸送需要が生まれています。それに呼応する動きもすでにあります。

7 物流業界の取り組み（倉庫）

　最近は倉庫の機能が多様化してきたことから、物流センターとか流通センターという名称が一般的になっていますが、ここではとりあえず「倉庫」といういい方をしておきます。

　倉庫におけるCO_2削減のために、フォークリフトなどの荷役機器の電化などに取り組んでいる事業者はすでに多いことでしょう。倉庫では荷役機器をはじめ照明、さらには冷凍・冷蔵倉庫で大量の電力を消費します。次の課題は、倉庫で使用される電気を再生可能エネルギーによって供給することです。そこで注目されているのが、太陽光発電です。ここでは、倉庫における太陽光発電システム導入について、その課題を含めて説明します。

●倉庫の脱炭素化の手段としての太陽光発電

　倉庫の脱炭素化の手段として注目されているのが、太陽光発電です。倉庫の屋根を利用して、太陽光により発電したクリーンなエネルギーで倉庫の冷蔵・冷凍、空調、照明や荷役機器などすべての電力を賄おうというものです。電力に余裕があれば、将来的にはEVトラックへの充電も行えます。

　GLP、プロロジス、オリックスや大和ハウスなど物流不動産を手掛ける事業者が新しく建設する物流施設には、最初から太陽光発電システムを組み込むケースも増えています。すでにヨコレイ、ニチレイの他、中堅の事業者の導入も増えています。既存の施設に新たに設置するケースも増えており、太陽光発電システムは、倉庫における脱炭素化の潮流となっているようです。

日本アクセス春日井物流センター屋上に設置された太陽光発電設備

画像提供：アイ・グリッド・ソリューションズ

余剰電力の活用モデル

VPPJAPAN

日本アクセス

余剰電力

アイ・グリッド・ソリューションズ

CO$_2$フリー電力

法人・家庭

出所：アイ・グリッド・ソリューションズニュースリリース

●太陽光発電システム導入における課題

　太陽光発電システムを導入する場合、設置など初期費用および余剰電力をどうするかなどの課題があります。設備に係る初期投資、および余剰電力の問題を解決するために、様々なビジネスモデル／サービスが提供されています。

　初期投資の負担をなくす方法に、太陽光発電の第三者所有モデル（PPA）があります。また、伊藤忠商事とグループ会社のVPP Japan、アイ・グリッド・ソリューションズは、物流施設などに設置した太陽光発電で発生する余剰電力を買い取り、CO$_2$フリー電力として提供する「余剰電力循環モデ

ル」を構築しています。

○PPA太陽光発電の第三者所有モデル

　倉庫に太陽光発電システムを設置する場合、その設置費用の負担は、特に中小事業者にとっては大きな問題です。こうした費用負担の問題を解決するためのビジネスモデルとして、「電力販売契約（PPA：Power Purchase Agreement）」があります。施設所有者が提供する敷地や屋根などのスペースに、太陽光発電設備の所有、管理を行う会社（PPA事業者）が設置した太陽光発電システムで発電された電力を、その施設の電力使用者へ有償提供する仕組みです。設備所有者にとっては、次のようなメリットとデメリットの両面があります。よく理解した上で利用するようにしてください。

〈PPAの設備所有者にとってのメリット〉

　・無償で施設に太陽光発電システムが導入できる

　・維持管理のコスト・手間が不要

　・テナントへ再生可能エネルギー電力を供給することによる付加価値向上が期待できる

〈PPAの設備所有者にとってのデメリット〉

　・長期契約が必要

　・施設によっては強度確保の工事が必要

　・施設改修、建て直しなどで太陽光発電システムの再設置、移設が必要となった場合はその費用負担が必要となる

○太陽光発電導入における税制優遇・各種補助制度

　倉庫への太陽光発電の導入には政府も力を入れており、特に中小企業に対して税制面の優遇措置や補助金の形で導入を支援しています。こうした補助制度を利用して、太陽光発電の導入に取り組んでみてはどうでしょう。太陽光発電システムは、停電など非常時のBCP対策としても有効です。

中小企業への税制面の優遇措置

再生可能エネルギー発電設備に係る課税標準の特例措置	・対象の税金：償却資産税対象標準額 ・軽減率：2/3に軽減 ・期間：3年
中小企業等経営強化法に基づく税制措置（固定資産税の特例）	・対象の税金：固定資産税 ・軽減率：1/2に軽減 ※ 自家消費が対象 ・期間：3年
中小企業等経営強化法に基づく税制措置	・対象の税金：法人税 ・軽減率：全額即時償却、あるいは税額控除 ※ 原則、自家消費が対象(余剰売電も可能なケースがある) ・期間：3年
生産性向上特別措置法案に基づく特例措置	・対象の税金：固定資産税 ・軽減率：0〜1/2に軽減 ・期間：3年

PPAの概要

PPA 事業者

屋根、土地スペースの貸与

電力料金の支払い

発電電力の供給

太陽光発電システムの無償設置・維持管理

施設所有者

電力使用者

電力使用者所有の施設の場合、施設所有者と電力使用者は同一となる。

出所：サンジュニアHP

107

コラム4 サプライチェーン・デューデリジェンス法

　ドイツにおいて、企業がサプライチェーン全体に対して環境や人権に責任を持つことを義務化する法律が成立しました。それが、デューデリジェンス法です。

　「デューデリジェンス（注意義務）」とは、調達元の企業が自社や取引先を含めた供給網（サプライチェーン）において人権侵害や環境汚染のリスクを特定し、責任を持って予防策や是正策をとることを意味する言葉です。

　2021年6月25日、ドイツ連邦参議院（上院）で「サプライチェーンにおける企業のデューデリジェンスに関する法律」（デューデリジェンス法：Lieferkettensorgfaltspflicht engesetz, LkSG）が承認され、2023年1月1日に施行されました。

　この法律により、ドイツ国内に拠点を置く一定規模以上の企業は、「注意義務（デューデリジェンス）」として、人権や環境に関連するリスク管理体制の確立と責任者の明確化、および定期的なリスク分析の実施が求められるとともに、具体的なリスクが確認された場合には是正措置を講じる義務が課されることになります。対象となる企業は、当初は従業員3,000人以上の企業、2024年1月1日以降は従業員1,000人以上の企業（2,891社）です。外国企業も対象になっています。

　この法律には罰則規定が設けられています。デューデリジェンスの遵守義務に反した場合、原則として最大80万ユーロの罰金が科されます。ただし、平均年間売上高が4億ユーロ以上の企業の場合、違反内容によっては、平均年間売上高の2％が科される可能性があります。17.5万ユーロ以上の罰金が科された場合、3年を上限として公共入札から除外される可能性があります。

第 5 章

目標8「働きがいと経済成長」 と物流

　物流は、私たちの生活や企業の経済活動を支える重要なインフラです。物流業界には215万人以上が働いています。その市場規模は28.5兆円あり、そこそこ大きな規模です。しかしながら、「3K」と揶揄され、若者からは敬遠されています。実際、トラックドライバーの労働環境をみれば、他産業に比べ長時間労働にもかかわらず、収入は低いというのが実情です。その結果、トラックドライバーや内航船員の高齢化や絶対数の不足から、将来の物流が正常に機能するのか危惧されています。

　今後も、ネット通販の急激な増加など物流への期待はますます高まっています。社会インフラとしての物流を持続的に成長させるためには、物流現場の労働環境の改善などを含め、労働者が誇りを持てる働きがいのある職場にすることが求められます。

　SDGs目標8の「働きがいと経済成長」は、物流業界にとってはSDGs以前に、物流業界の存続という経営の問題であると同時に物流という社会インフラの継続的提供という重要課題です。

1 物流業界概観

物流業界においては、トラックドライバーをはじめ人手不足が大きな課題です。なぜ、人が集まらないのでしょうか。その前に、物流産業あるいは物流業界とはどういう業界なのでしょうか。

物流業界は、他の業界と違う点があります。それは、陸運業界、航空業界、海運業界あるいは倉庫業界など、複数の業界の集まりであるということです。さらに、陸運業界はトラックと鉄道、海運業界は内航海運業界と外航海運業界というように分けられるのが大きな特徴です。

○物流業界とは

物流業界は、トラック輸送業、貨物鉄道業（JR貨物）、内航海運業、外航海運業、港湾運送業、航空貨物運送事業、鉄道利用運送事業、外航利用運送事業、航空利用運送事業、倉庫業、トラックターミナル業といった11の業界の集合体です。業界全体の売上は28.5兆円、事業者数7万5,803社、従業員数215.5万人（2019年）です。売上高は日本全体の名目GDP558.5兆円の5.1％、従業員数は全国の就労者6,724.8万人の3.2％です。決して大きな数字ではありませんが、それなりの規模の業界といえます。

物流業界の内訳をみると、圧倒的にトラック業界が大きな存在感を示しています。日本の国内物流の主役がトラックであることの証ともいえます。売上高ではトラック運送業が業界全体の67.7％、同じく事業者数は82.5％、従業員数は90％です。ただ、トラック事業者の99.9％が中小企業です。中小零細企業が多いのがトラック運送業の特徴でもあります。

物流産業の概要

区分	営業収入 (億円)	事業者数	従業員数 (人)	中小企業の割合 (%)
トラック輸送業	19兆3,576	6万2,509	194万	99.9
JR貨物	1,619	1	5,000	—
内航海運業	8,604	3,376	6万8,000	99.7
外航海運業	3兆2,494	190	7,000	58.7
港湾運送業	9,784	859	5万1,000	88.2
航空貨物運送事業	2,719	22	4万2,000	50.0
鉄道利用運送事業	3,311	1,140	8,000	86.0
外航利用運送事業	3,797	1,105	5,000	81.0
航空利用運送事業	6,397	203	1万4,000	69.0
倉庫業	2兆3,202	6,382	11万5,000	91.0
トラック ターミナル業	319	16	500	93.8

物流産業業種別営業収益（2019年度）

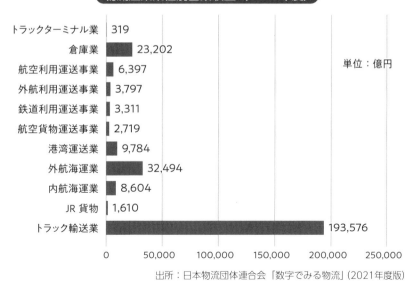

トラックターミナル業　319
倉庫業　23,202
航空利用運送事業　6,397
外航利用運送事業　3,797
鉄道利用運送事業　3,311
航空貨物運送事業　2,719
港湾運送業　9,784
外航海運業　32,494
内航海運業　8,604
JR 貨物　1,610
トラック輸送業　193,576

単位：億円

0　50,000　100,000　150,000　200,000　250,000

出所：日本物流団体連合会「数字でみる物流」(2021年度版)

◯なぜ、物流業界に人が集まらないのか？

・特殊な勤務形態

　最大の要因は、その特殊な勤務形態にあるのではないでしょうか。例えば内航船員の勤務形態をみると、「3か月乗船、1か月休暇」が一般的です。昔は1か月の長期休暇を歓迎する割合も一定数ありましたが、今の若い人には3か月も家に帰れない、友人たちと会うこともできない、海域によっては携帯も通じないというのは論外のようです。タグボートのように朝出勤して夕方には家に帰れるタイプの船員には応募がたくさんあることからも明らかです。長距離トラックのドライバーも、何日も帰れないというケースが多いと聞きます。トラックドライバーの中で一番敬遠されるのが、長距離トラックだそうです。

　内航海運会社によっては、「2か月勤務、20日休暇」など勤務形態を修正している場合もありますが、それでも特殊であることに変わりありません。トラック会社も、フェリーの利用を増やすなどの努力をしています。

・低賃金・長時間労働のトラックドライバー

　トラックドライバー（大型）の年間労働時間は、2,544時間と、全産業平均の2,124時間を約20％上回っています。一方、トラックドライバー（大型）の賃金は463万円と、全産業平均490万円に比べ約5％低い水準です。

　特殊な勤務形態に加えて、低賃金長時間労働というのがトラックドライバーです。労働条件の改善がない限り、トラックドライバー不足を根本的に改善することは難しいのではないでしょうか。中小企業6万2,000社が厳しい競争をしている状況において運賃の改善は難しいというのが現状で、業界構造そのものが原因であるといえるかもしれません。

　内航船員の場合は、長時間労働で航海手当や食事手当を含めると、給与水準はほかの物流産業に比べ高いほうだと思います。業界にそれなりに問題も少なくありませんが、トラックほど企業数が多くないことや、海員組

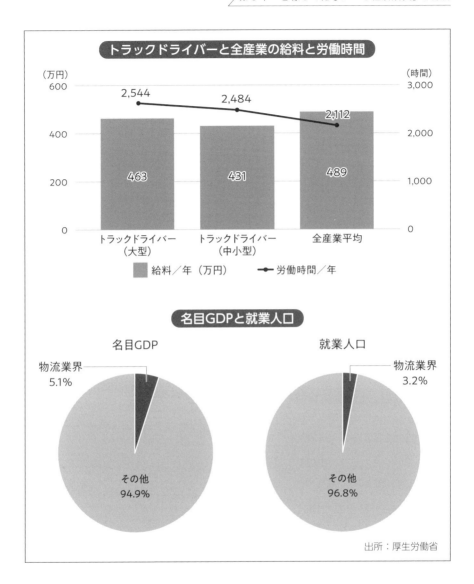

トラックドライバーと全産業の給料と労働時間

（万円）　　　　　　　　　　　　　　　　　　　（時間）

2,544　　　　2,484　　　　2,112

463　　　　431　　　　489

トラックドライバー（大型）　トラックドライバー（中小型）　全産業平均

■ 給料／年（万円）　—●— 労働時間／年

名目GDPと就業人口

名目GDP

物流業界 5.1%

その他 94.9%

就業人口

物流業界 3.2%

その他 96.8%

出所：厚生労働省

合の存在も大きいといえます。

　いずれにしても、労働環境の改善により人材不足の問題を解消しない
と、近い未来に「物流が止まる」という事態も起こりうるかもしれません。

　物流が止まることは、私たちの生活に支障をきたすことを意味します。

2 3K職場としての物流業界

　3Kとは、「きつい・汚い・危険」の頭文字「K」3つを取った言葉で、労働条件が厳しい職業のことを指します。3K職場、あるいは3K労働といいます。一般的に3K職場としてよく挙げられるのが、「介護・看護」「建設」「清掃」です。

●トラックドライバーは3Kか？

　3K職場の共通点は、長時間労働なのに給料が低いことです。3Kの仕事は多くの人が取り組みやすい反面、誰でもできる作業ともいわれ、生み出す利益が低く、給料も低くなりやすいといった特徴を持ちます。それにもかかわらず、年間休日が少なかったり、1日の労働時間が長かったり、体力的にきつかったりと、労働環境は多くの人にとって望ましいものではありません。

　こうした3K職場の特徴をトラックドライバーにあてはめると、長時間労働で低賃金ですし、荷物の積み降ろしは結構きつい肉体労働です。また、運転免許さえあれば誰にでもできる仕事と考えられています（実際には、大型運転免許が必要な場合や、運送するものによっては牽引免許や危険物取扱者の資格が求められることもあるため、単純に誰でもできるというのは多少の誤解もあると思います）。そう考えると、トラックドライバーも3K職場といえるのでしょう。

●3K職場は社会的に重要な役割を担う職業

　3K職場を見下す人がいますが、3K職場は、社会的に不可欠な重要な役割を担う職業も多いのです。例えば、介護・看護業界で働く人のおかげ

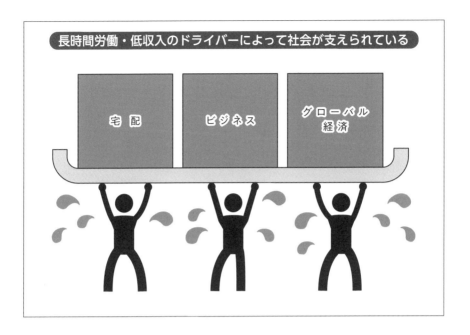

で、多くの介護や看護を必要とする人たちが日常生活を送ることができています。土木・建設業界によってビルや住宅の他、橋や道路などのインフラが整備され、私たちは支障なくビジネスや生活ができています。道路や公園を含めてごみのない清潔な空間で生活できるのは、清掃員の方々のおかげです。また、好きなものを好きな時に買い、自宅で受け取ることができるという便利さは、宅配業務に携わるトラックドライバーの方々に支えられているのです。

　ネット通販だけでなく、現代のビジネスそのものが物流に支えられています。現代のグローバル経済において企業活動は地球規模に広がっています。こうした企業活動を支えているのが物流業界です。消費者が手にするiPhoneは、世界中から集めた部品を中国で組み立て、世界中の消費者に届けられます。また、アパレルチェーンのZARAには、毎週新たな商品がスペインから届けられます。物流が機能しなければ、こうしたビジネスは成り立たないのです。

3 働き方改革（トラック、内航）

○働き方改革と2023年問題・2024年問題・2040年問題

　物流業界、特にトラックや内航海運業界で人手不足が大きな問題となっています。それは、他の産業とは違う特殊な勤務形態によるところが主たる原因です。

　今、働き方改革、中でも残業時間規制が注目されています。他産業からひと足遅れて、内航海運では2023年から、トラック業界では2024年から厳格に適用されるようになります。これまでのような長時間労働に頼ったサービスができなくなると懸念されており、トラック業界では2024年問題といわれています。さしずめ、内航海運業界は2023年問題といえるのではないでしょうか。

　実は、航空業界でも2040年問題というのがあります。このころパイロットの大量退職が見込まれることから、パイロット不足が大きな問題となるといわれているのです。トラックや内航海運の人手不足とその背景は少し違いますが、パイロットの養成には時間とお金がかかります。コロナ禍で体力の弱っている航空会社にとっては大変ですが、今から対応することが求められています。

○物流業界の労働環境の改善は、今がチャンス！
①内航海運の2023年問題

　内航海運の2023年問題は、内航船員を抱える船主（オーナー）だけの問題ではなく、運航事業者（オペレーター）や荷主の問題でもあります。運航事業者は、無理なスケジュールを船主に押し付けてはならないことになっています。荷主も同様です。違反した場合は、罰則規定も設けられま

物流業界が迎える危機

🚢	内航海運	2023年	残業時間の上限規制
🚚	トラック	2024年	
✈	航空	2040年	パイロットの大量退職

した。

　労働時間の厳格な適用は2023年4月からで、もう始まっています。すでに、荷主、オペレーターの中には、新たな基準に沿った運航を始めているところがある一方、いまだに従来のままの事業者もあるというように、2極化しているようにみえます。働き方改革への取り組みは、内航船員の労働環境を少しでも改善し、安全でプライドを持って働ける職業として認知されるための絶好のチャンスです。

②トラック業界の2024年問題

　トラック業界の2024年問題も、業界内だけの問題ではありません。

　荷主はもちろん、宅配便を考えれば消費者にも大きな影響があります。ドライバーの長時間労働を前提にした従来通りのサービスは難しくなります。それでも、将来にわたって物流サービスを維持するためには、給料を含めたドライバーの労働環境の改善が不可欠です。2024年問題を機に、ドライバーの労働環境を改善し、働きがいのある職業とすることが必要です。

●低料金、高品質があたり前という物流サービスへの認識を改める

これまで、日本の物流サービスは、利用者にとって低料金で高品質があたり前と考えられていました。2023年問題や2024年問題は、低料金・高品質の物流サービスが物流業界で働く人たちの犠牲の上に成り立っていたことを認識してもらういい機会です。

物流業界の労働者の働き方改革を進めること、いい換えれば他の産業並みの労働時間や給与水準を実現することは、従来と同等のサービスは成り立たないことを意味します。

例えば、宅配便サービスで翌日配送があたり前という国は、日本だけです。米国にも翌日配送は存在しますが、それはプレミアムサービスであり、追加料金が必要なのです。2〜3日後の配送というのが普通なのです。

つまり、高品質あるいはプレミアムサービスには、それに見合った料金が設定されているのです。すべての貨物が翌日に配送される必要はないのではないでしょうか。消費者を含めて物流サービスの利用者の意識改革が必要です。これまでの、日本の物流サービスの低料金・高品質の時代は終わったのです。これからの物流サービスは、サービスの内容に合った、相応のコスト負担が必要なのです。

物流企業にとって、そうした働き掛けは、物流業界で働く人が誇りを持って働ける職場環境を作るために欠かせません。荷主や消費者の意識変革への働き掛けも重要なSDGsへの取り組みのひとつだと思います。

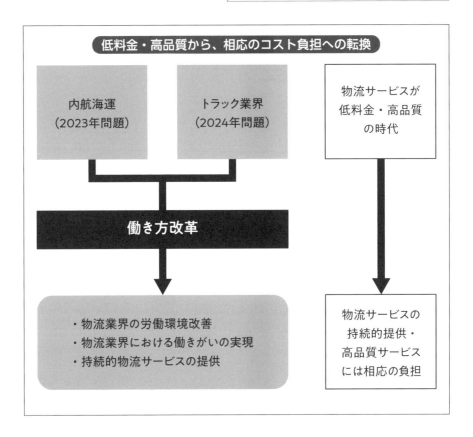

コラム5 プラスチック資源循環促進法

　プラスチック資源循環促進法は、プラスチック製品全般を対象に、プラスチックごみの削減やリサイクルを強化するために制定され、2022年4月に施行されました。国を挙げて、プラスチックを使った製品の設計から廃棄物処理まで、ライフサイクルにおける3R（リデュース・リユース・リサイクル）＋Renewable（再生可能）を促進しようとする法律で、フォーク、ナイフ、スプーン、マドラー、ストロー、歯ブラシ、ヘアブラシ、クシ、カミソリ、シャワーキャップ、ハンガー、衣類カバーの12品目が対象です。この法律の施行によって、国内のホテルの部屋に必ずあった歯ブラシやクシ、カミソリなどのアメニティが削減対象となり、有料化されました。また、コンビニなどでもプラスチックスプーンが有料化されています。

　ちなみに、すでに実施されているレジ袋有料化は、容器包装リサイクル法の関係省令の改正により実施されました。

　プラスチック資源循環促進法の概要は以下の通りです。

プラスチックの製造段階：製造事業者は、プラスチックの使用量を減らし、解体が容易でリサイクルしやすい製品を製造し、簡易な包装にすることが求められます。

販売・提供段階：小売業やサービス事業者など、使い捨てプラスチック（ワンウェイプラスチック）を無料で大量に提供している事業者は、プラスチック製品の提供を削減することが求められています。

排出段階：例えばプラスチック製の文房具なども、食品トレーや菓子袋の容器包装などと一緒に回収できるようにします。市区町村が再商品化事業者と連携して、再商品化できる仕組みを設けます。製造事業者や販売事業者は、プラスチック製品の自主回収を促進します。

第**6**章

目標9「技術革新」・
目標10「人・国の平等」と物流

- -

　SDGs目標9は、技術革新によって包括的で持続可能な産業化を推進することです。物流の視点からは、物流技術の革新によって持続可能な産業と社会の実現に貢献することです。

　物流の重要性が認識されたのは、産業革命が契機でしょう。英国で生産した工業製品をいかに消費者に届けるか。20世紀には、「兵站」として、軍隊においてその重要性が認識されるようになります。戦後はビジネス界に拡大し、そして、物流は社会の要請に応える形で変化してきました。

　SDGsという視点が入ることで、物流に求められるものも大きく変わっています。経済性や効率性だけでなく、環境や人権、そして持続可能性がより重要視されるようになっています。SDGsの目標達成のための技術革新は、物流業界の新たなビジネスを生み出します。

　SDGs目標10「人・国の平等」について、物流面で貢献するとは、南北間の物流格差をなくすということです。具体的には、「物流技術」および「物流インフラ」の格差です。これら2つの格差をなくし、物流における平等を実現するために、物流企業として何ができるかについても考えます。

1 物流の変遷

　物流における技術革新とSDGsの関係を理解するうえで、まず物流について整理しておきましょう。私たちは、日常的に「物流」や「ロジスティクス」という用語を使っています。また、「サプライチェーン」、あるいは「サプライチェーンマネジメント（SCM）」という言葉もニュースでよく取り上げられます。これらの言葉はどう違うのかについて理解することも、物流技術について考えるうえで必要なことです。

〇物流の起源

　19世紀以前のヨーロッパにおける海上輸送は、大型の帆船が主役でした。それが産業革命で蒸気機関が実用化され、蒸気船が登場したことで、天候に左右されることなく大量の物資を計画的に運ぶことができるようになりました。蒸気機関は内陸輸送手段にも実装され、大量輸送を可能にしました。産業革命初期には、生産が中心でした。その後、20世紀に入ると生産から販売に重点が移り、製品の輸送、保管の重要性が高まりました。

〇物流は「フィジカルディストリビューション」から「ロジスティクス」へ、そして「サプライチェーンマネジメント（SCM）」へと変化

　物流の起源が軍事用語の「兵站」だということを知っている人は少なくないと思います。はじめて物流（Physical Distribution）という言葉が使われたのは、1905年、米国の軍隊においてでした。

　マーケティングの分野における物流の概念は、アメリカにおいて1910年頃にマーケティングの概念が形成されるのと同時期に「商品流通」という形で取り扱われています。1922年、F.E.Clark『マーケティング原理』

「物流」という言葉の原点

兵站とは、「軍事装備の調達，補給，整備，修理および人員・装備の輸送，展開，管理運用についての総合的な軍事業務（『ブリタニカ国際大百科事典 小項目事典』）」

の中で、マーケティングの機能の説明に「Physical Distribution」という言葉が使われています。しかし、ビジネスの分野に物流の概念が拡大するのは、第2次世界大戦の後のことになります。

1940年代には、第2次世界大戦において兵站（物資を前線まで運ぶのに、どう調達して、どう保管して、どう届けるのか）を構築するための研究が進み、戦時中には実際に「Military Logistics Operations」が実行されました。1950年代に入ると、「Physical Distribution」は戦略的な側面を加え、マネジメント概念として「Logistics」と呼ばれるようになります。そして1960年代になって米国において、1958年頃からの景気後退を背景に「Logistics」がビジネス界に拡大していきました。

1990年代に企業活動が国際化、グローバル化によってロジスティクスがより複雑になりました。こうした状況を背景に、製品の起点から終点ま

での効率的、効果的な、複数の企業を包含した全体的なマネジメントが必要になりました。こうして生まれたのが「サプライチェーンマネジメント（SCM）」です。ロジスティクスは、SCMの一部とみなされています。

　グローバル経済下における地球規模の企業活動を支えるロジスティクスは、より複雑になっています。IT技術の発展が、現代の複雑なロジスティクスを可能にしています。現代の企業活動は、高度なロジスティクスなしには不可能です。

●物流（Physical Distribution）と「ロジスティクス」と「サプライチェーンマネジメント（SCM）」の違い

　物流（Physical Distribution）は、輸送や保管といったそれぞれの「活動」です。ロジスティクスは「マネジメントの概念」、つまり「経営管理」です。

　ロジスティクスは単体企業の物流を一元管理することで最適化を目指すものですが、SCMはサプライチェーンを構成する複数の企業を対象とします。また、ロジスティクスがあくまで「モノ」を扱うのに対して、SCMは企画開発や財務会計なども含める点がロジスティクスとの大きな違いで、より大きな概念であるといえます。

●物流概念の進化と技術開発

　物流は、経済と社会のグローバル化の中で、より複雑化する企業活動を機能・活動からマネジメントの概念へと、さらにSCMへと変化・進化しました。それを可能にしたのは、IT技術の発展によるものです。IT技術なしに現代のロジスティクスの管理・運営は不可能です。

　これまで物流技術は、効率化と経済性向上に向けられてきましたが、世の中の価値観は、効率化や経済性から人権や環境重視へと変化しています。今後、物流における新技術の開発は、環境保全などに向けられることになるでしょう。そこに新たなビジネスチャンスがあります。

ロジスティクスと物流の違い

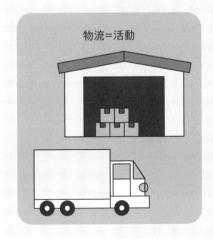

物流=活動

ロジスティクス=経営管理

物流はロジスティクスの一部

ロジスティクスとSCMの違い

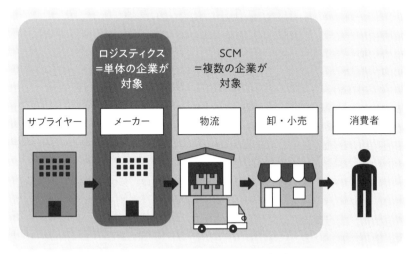

ロジスティクス
=単体の企業が
対象

SCM
=複数の企業が
対象

| サプライヤー | メーカー | 物流 | 卸・小売 | 消費者 |

ロジスティクス+企画開発・財務会計=SCM

2 物流における技術革新の歴史

○物流技術の変遷

　産業革命以降、物流分野における技術革新により、物流の効率化、経済性の向上を実現しました。20世紀初頭から1980年代頃までは、その技術革新は輸送機関や荷役機器など主にハードの分野でした。1980年頃からはコンピュータやIT技術の発達をもとにした物流管理におけるシステム化、さらにIoTやAIを使っての省力化や標準化など、ソフト面での革新が起こりました。そして次のステップは、物流における脱炭素、クリーンエネルギーの分野における革新です。

○ロジスティクス1.0からロジスティクス5.0の時代へ

　経営コンサルティング会社のローランド・ベルガーは、20世紀初頭からのロジスティクスの変化を、ロジスティクス1.0からロジスティクス4.0に分類しました。しかし、ロジスティクスの変化は、すでにその先のロジスティクス5.0に時代に向かっています。現代では、ロジスティクス5.0の時代の技術開発が急速に進んでいます。物流分野における脱炭素・クリーンエネルギーへの転換のための技術開発です。

○物流分野における脱炭素への取り組み・エネルギー転換

　物流分野におけるSDGsへの貢献で一番大きいのは、燃料における脱炭素です。トラックでは、電気自動車やFCV（燃料電池自動車）への転換。航空機では、SAFの利用の拡大が進められています。船舶は、電気推進船やアンモニアや水素燃料が期待されていますが、まだ技術開発途上にあるため何が主流になるのかわかりません。LNG燃料船の導入が相次いで

ロジスティクスにおけるイノベーションの変遷

ロジスティクス 1.0	ロジスティクス 2.0	ロジスティクス 3.0	ロジスティクス 4.0	ロジスティクス 5.0
20世紀初頭	1960年代〜	1980年代〜	現代 (目標2025年)	2020年代後半
輸送の機械化	荷役の自動化	物流管理システム化	省人化・標準化	脱炭素・クリーンエネルギー
トラック・鉄道・船舶による高速・大量輸送	自動仕分け装置・自動倉庫/コンテナ化による海陸一貫複合輸送	WMS・TMSの登場、NACSSによる通関手続きの電子化	IoTやAI技術による省人化・標準化（自動化・デジタル化）	物流全般における脱炭素/サーキュラーエコノミーの時代/クリーンエネルギー/自然環境保護が優先

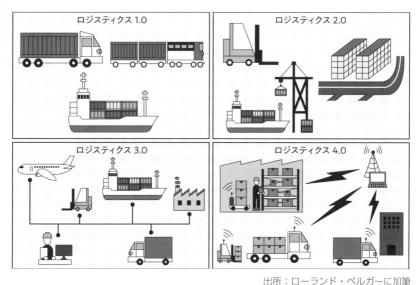

出所：ローランド・ベルガーに加筆

ますが、LNG燃料船はあくまで過渡期的な対応でしかありません。いずれにしてもすべての輸送機関において、将来的には燃料が置き換わることになります。この流れを戻すことはもう不可能なところにまで来ています。

3 輸送分野の技術革新と自動化

　これまで技術革新の主な目的は、大量輸送を可能にすることや高速化など、効率化や経済性の向上でした。しかし、現在の物流分野（輸送面）における技術革新は、労働力不足を補うという面は否定しませんが、それ以上に「人にやさしい」「環境にやさしい」など、SDGsの目標達成に貢献するものです。物流に関する新技術をうまく活用することが、SDGsへの貢献につながります。輸送面での新しい技術をいくつか紹介します。

○トラックの後続車無人隊列走行技術

　経済産業省・国土交通省は、トラックドライバーの不足や高齢化、燃費の改善など物流業界が直面する課題の解決のために、高速道路におけるトラックの後続車無人隊列走行技術の実現に向けて、「トラックの隊列走行の社会実装に向けた実証」を2020年から始めました。

　トラックの後続車無人隊列走行技術は、3台の大型トラックが、時速80kmで車間距離約9mの車群を組んで走行するものです。3台のうち、後続の2台は無人です。

○無人宅配ロボット

　コロナ禍における働き方の変化や巣ごもり需要などにより、ネット通販が急増しました。そのため、物流業界におけるラストワンマイルの競争が激化しています。そうした中で、トラックドライバー不足対策はもちろん、コロナ禍における非接触の配送が可能ということでも期待されているのが、無人宅配ロボットです。技術的に改善の余地や法的な問題などクリアすべき課題はまだまだ少なくありませんが、期待される成長分野です。

トラックの後続車無人隊列走行

浜松SA内を車間5mで走行

本線を時速80km・車間9mで走行

本線から浜松サービスエリアに分流

出所：国土交通省

○ドローン配送

　ウクライナの紛争でドローンが使用されるニュースを目にする機会が少なくありませんが、平和目的の活用でもドローンは大いに期待されています。離島や山間部、海岸線が入り組んだ場所など陸路での輸送が困難な場所で活用されるほか、医薬品や輸血用の血液を素早く届けるための方法としても期待されています。例えば、ドイツのDHLは2018年にタンザニアのヴィクトリア湖で、ドローンによる医薬品の配送を開始しました。現地は道路の状況が悪く陸路での輸送が困難で、停電が日常的に起こる地域では冷蔵保存が必要な薬品や輸血用の血液の保管が困難であるという状況もあり、その打開策としてドローンによる配送が期待されています。DHLの他にも、海外ではアマゾンやグーグル、日本でも日本郵便や楽天がドローンによる配送に取り組んでいます。

○船舶の自動化

　船舶の自動化に関する技術も開発が進められています。主なものとして「自動操船」「遠隔操船」「自動離着岸」といったものが挙げられます。

　自動操船や遠隔操船は、最終的には無人運航も可能とするものです。「MEGURI2040」と称する無人運航船プロジェクトを日本財団が推進しており、2022年には世界初となるコンテナ船や大型フェリーの無人運航実証実験に成功しています。自動入出港、高速運転（最速26ノット）、赤外線カメラによる他船検出を行うセンサーを含む高度な無人運航システムです。実用化も近いと期待されています。

　自動離着岸システムは様々なシステムが開発されており、海外の港ではすでに導入されています。このシステムを導入することで、危険な「綱とり放し」の作業から解放されます。また、津波などの緊急時には、船舶がスムーズに離岸することが可能になるなどメリットは大きく、日本の港においても早急な導入が期待されます。

無人運航船プロジェクト「MEGURI2040」

1　コンテナ船の無人運航システム

　無人運航の監視と遠隔操船が可能な「陸上支援センター」を用いた、コンテナ船「すざく」による東京港～津松阪港～東京港の無人運航実証実験を行い、成功した。

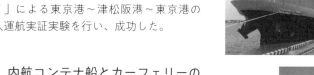

2　内航コンテナ船とカーフェリーの無人化技術実証実験

　大型カーフェリーによる北海道苫小牧から茨城県大洗まで約750km・18時間の無人運航、および世界初となる営業コンテナ船による無人運航の実証実験を実施し、成功。

3　水陸両用無人運転技術の開発

　世界初となる水陸両用船「八ッ場にゃがてん号」の無人運航の実証実験を群馬県八ッ場あがつま湖で行い、航行に成功した。

4　小型観光船の無人運転技術の開発

　小型観光船の無人運航による実証実験を横須賀市猿島で行い、航行に成功。離島住民の生活を支える小型船舶への利用が期待される。

5　無人運航フェリーの開発

　新日本海フェリーの全長222mの大型フェリーによる高度な自動入出港、高速運転等無人運航実証実験を、北九州市新門司から伊予灘の海域で行い、成功した。

出所：日本財団

4 物流拠点（倉庫・港湾など）の技術革新と自動化

　工場に多くのロボットが導入されているのは、多くの人が知っていると思います。物流拠点である配送センターにも多くのロボットが導入されていて、広大な空間に人はほとんどいません。海の玄関である港湾においても同様です。かつて、港には多くの港湾労働者がいましたが、例えば、コンテナターミナルでは自動化ターミナルが一般的になっています。

　かつては多くの貨物と機器が交錯し、事故もありましたが、物流現場から人が姿を消す日は遠くないでしょう。

●物流拠点での自動化

　自動立体倉庫では、コンピュータによって指示された格納場所に自動的に貨物が収納され、取り出しの際も人は指示を出すだけです。出荷にあたっても、自動でピッキングし、パレッタイズロボットがパレットに貨物を載せます。トラックへの積み込みもロボットに任せられます。このように物流現場での作業のほとんどは、ロボットによることが可能です。コンテナターミナルにおいてもゲートは無人ですし、ヤードのコンテナ装置やピックアップも自動化されています。船へのコンテナの積み降ろしもほぼ自動化が実現されています。地上40メートルのガントリークレーンの上で作業をする必要はなく、エアコンの利いたオペレーションルームでジョイスティックの操作で作業できるようになっています。

　世界の主要港では、すでにこうした技術が実際に導入されていますが、日本はコンテナターミナルの自動化において大きく後れを取っています。倉庫やコンテナターミナルなどの自動化は、労働者の労働環境の改善と安全につながること、つまりSDGsの観点からも早急に導入が望まれます。

自動倉庫のイメージ

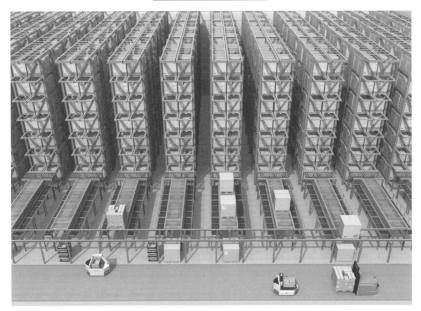

PIXTA

パレッタイズロボット

画像提供：日立オートメーション

●物流現場から人がいなくなる

　倉庫内作業は、自動倉庫で作業はロボットが担い、人の役割は（遠隔）操作と監視となるでしょう。出荷にあたってもピッキングやパレタイズ、トラックへの積み込みも自動化されます。貨物が積み込まれるとトラックは無人で走行し、港に運ばれます。港では無人ゲートで受付され、トラックからコンテナを降ろすのも遠隔操作によりトランステナーが行います。積み込むべき船舶が入港すると、無人のトランステナーによりAGV（無人搬送車・ロボット）に積み込まれ船側に移動、そこでガントリークレーンによってコンテナ船へ積み込まれます。このガントリークレーンも遠隔操作によるもので、コンテナヤードには人はいません。積み降ろしが終わったコンテナ船は、自動離着岸システムによって自動的に離岸します。その後次の港に向かい航行します。コンテナ船も自動操船または遠隔操船よるもので、船内は無人か、最低人数の監視要員がいるだけです。貨物の揚げ地でも同様に、工場まで人の手を煩わせることなく貨物だけが移動するというのが、近未来の物流のイメージです。これらの技術はすでに確立されています。

　つまり、輸出地から輸入地まで、倉庫やコンテナターミナルなどの物流拠点、トラックや船舶による輸送部分のすべて、いい換えれば**サプライチェーン全体で人が貨物に接することがなくなる**のです。

　人の役割は、従来の現場作業ではなく、快適な空間において遠隔操作するとか、プログラミング、あるいはロボットの作業の監視に代わるのです。

　夏の暑い炎天下や冬の寒さの中での現場作業がなくなり、エアコンの利いたオペレーションルームでの作業でずっと快適な労働環境となり、もちろん現場での事故もなくなります。

　この結果、人手不足解消、コストセーブや効率化という従来の価値観からの評価ではなく、労働者の安全の確保、労働環境の改善、環境保全といった面での評価になることが期待されます。

アマゾンの無人搬送ロボット

画像提供：アマゾンジャパン

サプライチェーン全体が無人化する

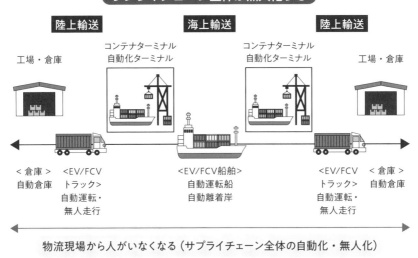

物流現場から人がいなくなる（サプライチェーン全体の自動化・無人化）

5 物流技術革新と ビジネスチャンス

　SDGsは、社会の価値観の転換を促し、経済にも大きな影響を与えています。そうした変化を新たな技術が後押ししています。物流の分野においても例外ではありません。こうした変化の時代はビジネスチャンスでもあります。特にSDGsに関連する新技術がどんどん生まれています。SDGsによる社会、経済の変化の波に乗り遅れることなく、ビジネスチャンスをつかむことが成長のカギを握っています。ここでは、物流分野の新技術とそれに関連するビジネスの例をいくつか紹介します。

○脱炭素と代替燃料

　トラックは軽油、船舶は重油、航空機はジェット燃料など、これまでの輸送機関の燃料は石油が原料です。しかし、2050年の「カーボンニュートラル」の目標に向けて、日本でも2030年代半ばにはガソリンやディーゼルエンジンの新車の販売ができなくなります。船舶や航空機の燃料も転換が進んでいます。輸送機関だけでなく、鉄鋼業界や電力業界においても事情は同じです。

　1950年代における内航海運の主要輸送貨物は石炭で、その割合は50%を超えていました。現在は石油関連が3割以上を占めています。石油は、将来大きくその割合を下げることは間違いありません。それに取って代わるのが、水素やアンモニア、メタンなどでしょう。石油関連の輸送が減る一方で、新たな輸送需要が増えます。

　水素やアンモニアの多くは輸入に頼ることになることから、大型の専用船が必要になります。国内の2次輸送のために小型の専用船も必要です。内陸部への輸送には、タンクローリーや鉄道用のタンクコンテナの活躍も

様々な代替燃料の輸送機関

EVトラック「e Canter」

画像提供：三菱ふそうトラック・バス

液化水素運搬船「すいそ ふろんてぃあ」

画像提供：川崎重工

液化CO_2輸送の実証試験船のイメージ図

画像提供：三菱造船

期待されます。造船所では、水素運搬船やアンモニア運搬船などの開発が進んでいます。

　航空燃料は、安定確保の観点から国産化が進められています。廃油などを集めて作られるSAFの輸送、配送や貯蔵には、中小の物流事業者にもチャンスがあるでしょう。

　トラックは、EVやFCVに置き換わっていきます。大手の物流事業者は配送用のトラックをEVに置き換えています。他社に先んじてEVを導入することで、顧客に対してよいイメージを与えることができます。逆に、こうした取り組みに出遅れることは、企業イメージを悪くするリスクとなります。

◯CCS/CCUS

　CO_2の排出をゼロにすることはできません。そのため、カーボンニュートラルを実現するには、CO_2の有効利用や発生したCO_2を処理することが必要となります。それがCCSやCCUSと呼ばれるものです。これは、発生したCO_2を回収して地中や海底に埋めるというものです。海底に埋める方法では、回収したCO_2を液化して船舶で輸送して埋める場所まで運びます。液化CO_2輸送のための船舶の開発が進み、実証実験も行われています。

◯洋上風力発電

　海に囲まれた日本は、地理的に洋上風力発電のポテンシャルが高いとされており、再生エネルギーの切り札として注目されています。政府は導入を積極的に進める方針で、2030年までに1,000万kW、2040年までに3,000万〜4,500万kWの建設を目標にしています。洋上風力の発電設備は、1基あたりの部品点数が数万点とサプライチェーンの裾野が広く、数千億円の事業規模になる可能性があるといいます。政府は、部品の6割の国内調達を目指していることから、この膨大な部品の輸送や保管といった新たな物流が発生します。

商船三井のSOV（洋上風力メンテナンス支援船）

画像提供：商船三井

洋上風力発電の海上工事のイメージ

画像提供：東洋建設

　商船三井や日本郵船といった大手船会社は、洋上風力発電所の建設やメンテナンスのための大型作業船の需要を見込んで、大型作業支援船の建造を始めています。

6 物流インフラ整備への協力

●インフラって何？

インフラは、英語の「Infrastructure」が由来です。「生活や産業の基盤となる設備であり、個人ではなく、社会全体が共有している構造」をインフラと呼びます。構造物や設備だけでなく、学校や病院などの公共施設、あるいは通信ネットワークなどもインフラです。

インフラは、住みよい環境づくりに不可欠です。産業基盤となるインフラが整備されることで経済成長と雇用の安定につながり、生活水準が向上します。経済の発展にはインフラが欠かせないものの、経済の発展が必要な開発途上国にはインフラを独自に整備することができません。そこで、先進国によるインフラ開発支援が必要とされています。

●インフラの種類

インフラには様々なものがあります。関連する単語と組み合わせて、社会インフラ、通信インフラ、産業インフラ、交通インフラ、ITインフラなどと使われます。

インフラにはどのようなものがあるのか、便宜的に次の4つに分類して考えてみます。

①**エネルギーインフラ**：発電、電気・ガスの供給設備。変電所や送電線、パイプラインなどもインフラの一部。

②**物流・交通インフラ**：電車やバス、港湾、空港および道路やトンネルも含む。

③**空間インフラ**：公共施設や建物の管理。河川における橋・堤防、水門な

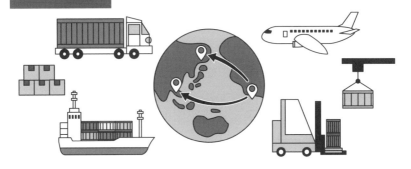

インフラの分類

**エネルギー
インフラ**
●ガス・電気・石油など

**物流・
交通インフラ**
●電車・バスなど交通機関
●空港・港湾・道路など

空間インフラ
●橋・堤防や水門などの公共施設

**生活
インフラ**
●ごみ・上下水道の処理、通信、放送など
●病院・学校、コンビニ、スーパーなど

どがある。

④**生活インフラ**：ごみや上下水道の処理、通信、放送、学校や病院など。
近年は、スーパーやコンビニも生活に欠かせないインフラとなっている。

●経済発展に必要な物流・交通インフラ

　産業の発展には、様々なインフラの中でも「物流・交通インフラ」が必要不可欠です。考えてみてください。道路が整備されていないところに、メーカーが工場をつくるでしょうか？　道路がなければ、部品共有や完成品の出荷・輸送はどうすればいいのでしょうか。もし、輸出を主目的とした工場であれば、港湾や空港も絶対に必要です。

　開発途上国の経済発展を促し、生活を向上させ、先進国との格差を縮小させ、できる限り平等化を図るためには、4つのインフラの中で、まず「物流・交通インフラ」の整備が必要だと思います。しかしながら、多くの開発途上国は、そのための資金やノウハウがないというのが実情です。つまり、開発途上国の生活を向上させ先進国との格差を縮小するためには、先進国による物流・交通インフラ開発支援が必要です。資金は公的なものを利用する場合でも、港湾の建設やトラック輸送の運営など民間企業にできる支援も少なくありません。

●物流・交通インフラの格差

　物流・交通インフラは、国によって大きな差があります。例えば、モノを運ぶのに人が背負ったり、担いで運ぶ、あるいは自転車等を使って運ぶのが普通の国もあります。このような国では、道路や鉄道が未整備で、自動車そのものが普及していないのです。インフラが整備されていないため経済の発展が遅れているのです。そして経済が発展しないためにインフラへの投資ができないという悪循環に陥っているといえます。

　一方で、米国や中国など一部の国では、ドローンや無人の自動運転配送車を使ってモノを届けることがすでに行われています。

　このようにインフラ格差が経済発展の違いになって現れ、先進国と開発途上国との格差はますます広がります。こうした国家間の格差をなくし、平等化を図るためには、先進国による開発途上国へのインフラ支援が必要です。民間企業による支援も必要です。

物流インフラの違い

カンボジアの輸送

ドローンによる無人輸送

PIXTA

開発途上国への技術移転が経済発展と格差解消につながる

7 物流技術移転

●技術移転とは

　技術移転とは、高度な技術を持っている国や公的機関、企業が開発途上国やベンチャー企業などに技術の提供・協力、指導することを指します。その対象は、製品や加工技術など生産に関するものだけでなく、経営ノウハウなど生産外のものも含みます。具体的には、設計や開発、生産加工技術やソフトウェア技術、農業や畜産、経営ノウハウなどが挙げられます。

　ここでは、物流技術の移転に絞って話を進めます。

　物流技術とは、倉庫の自動化設備のほか、輸配送や倉庫内で使われる情報システム、包装設計や倉庫内のレイアウト設計など、物流にまつわる「品質を担保しつつ作業効率を上げる」ためのモノや知識、ノウハウなどです。

●技術移転の必要性

　近年は、荷役作業ロボットや無人搬送フォークリフトといった省人化に向けた技術の導入や、IoTやAIなどの技術の活用が広がるなど、物流技術は急速に発展・普及しており、物流効率化に向けた物流技術の重要性はますます高まっています。同時に、先進国と開発途上国の物流技術の格差は拡大しています。開発途上国の物流効率化のためには、先進国の高度な物流技術の開発途上国への移転が欠かせません。

　物流総コストの対GDP比をみると、欧州全体の平均が約7％、米国7.5％、日本9.1％、中国14.6％、東南アジアは15～20％程度となっています（2017年）。地理的な要因などもあって単純に比較はできませんが、中国や東南アジアでその比率が高いのは、物流の非効率性が原因です。効率化が進んでいないのは、物流技術が欧米に比べ劣っているからにほかなり

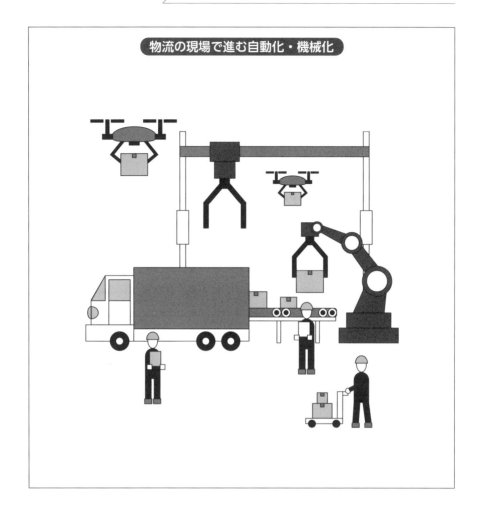

ません。**物流を効率化し、物流格差をなくすためには、先進国の優れた物流技術の導入が必要である**ことを意味します。

●技術移転の方法

　技術移転といっても、特別なことは必要ありません。海外で物流事業を展開することで、当該国に技術が自然に移転されます。海外への投資が技術移転をもたらすのです。

これまでの中国をみれば明らかです。製造業を中心に、海外から中国に莫大な投資がなされました。そうして各分野で技術を取得してきたことが、今日の中国の繁栄をもたらしたのは間違いのないことです。投資による海外からの資本の流入とともに、最新の技術が同時に持ち込まれることになるのです。こうして、先進国の技術が途上国にもたらされ、技術レベルの向上に資するのです。

物流事業の海外展開を想像してみましょう。進出形態が合弁であれ100％出資であれ、多くの現地従業員を採用します。物流拠点や配送などの運営には、日本の技術を持ち込みます。その運営ノウハウは現地従業員を通じて現地の物流業界に還元されます。

●開発途上国への技術移転を実践する日本企業

開発途上国への進出は、当該国に大きなメリットをもたらします。特に、日本企業は歓迎されます。なぜなら、日本企業は従業員教育に熱心だからです。欧米企業は、必要な人材はヘッドハンティングすればいいという考え方が主流です。

私はタイの物流団体主催のセミナーで講師を務めたことがあります。参加者の多くが、日系企業の現地従業員でした。それだけ日系企業が従業員の教育に熱心だということです。参加者は中間管理職が中心で、その多くが女性であったことに日本との違いを感じました。

開発途上国でも、「ジョブホッピング」といって、職場を移るのは普通のことです。海外に進出している日本企業の経営者の多くが、「せっかく育てた従業員がすぐに辞めてしまう」と嘆きます。しかし、技術移転という視点からみれば、日系企業で最新の物流技術を身に着けた人材が多くなることは、その国の当該事業のレベルアップにつながっていることになります。また、業界として優秀な人材が増えることは、まわりまわって自社に優秀な人材が入ってくる確率も高くなるわけです。

物流事業の海外進出は、大企業だけのものではありません。中小企業に

とっても、縮小する日本市場に比べ、拡大する新興国市場は魅力があります。中小企業も積極的に海外展開を目指してもよいのではないでしょうか。そのことが開発途上国の発展に、いい換えればSDGsの目標達成に貢献することになります。

コラム6 バナナペーパー
（ワンプラネット・ペーパー）

　ワンプラネット・ペーパーは、日本の越前和紙の工場と、アフリカのバナナ農家や村の人々とのコラボで生まれた商品です。バナナの茎を原料とした、人、森、野生動物を守る紙です。名刺や包装紙、紙ハンガー、紙袋、大学の卒業証書をはじめ幅広い商品に使われています。現在、世界15か国で展開されています。

　ザンビアのオーガニックバナナ畑で通常捨てられる茎の繊維を利用し、日本の和紙工場で古紙を加え、質の高い紙を作っています。

　ワンプラネット・ペーパーは、2016年に日本で初めてフェアトレード認証を受けた紙です。つまり、最初の段階（フェアトレード認証のバナナ繊維）から、最後の段階（紙を使い終わったら土に戻る生分解性）までサステナブルということができます。

　2011年、野生のシマウマ・キリン・ゾウが自由に歩くアフリカ南部の国ザンビアの村で、貧困層の女性たちと共にバナナペーパー事業がスタートしました。現在、40以上のバナナ農家と取引があり、ザンビアの故郷に貢献しています。貧困を減らすだけではなく、木と野生動物を守りながら、気候変動対策も支える紙です。

　こうした商品を積極的に使用することで、SDGsの目標である「貧困をなくす」「気候変動の軽減」や「陸域生態系の保護」に貢献できます。

バナナペーパーの村
首都ルサカ
世界遺産のビクトリア滝

https://oneplanetcafe.com/paper/

第**7**章

目標12 「製造・使用責任」と物流

　目標12の「作る責任・使う責任」には、食品ロスなどが含まれます。他にも「2020年までに、国際的な取り決めにしたがって、化学物質やあらゆる廃棄物（ごみ）を環境に害を与えないように管理できるようにする。人の健康や自然環境に与える悪い影響をできるかぎり小さくするために、大気、水、土壌へ化学物質やごみが出されることを大きく減らす」「2030年までに、ごみが出ることを防いだり、減らしたり、リサイクル・リユースをして、ごみの発生する量を大きく減らす」などがあります。本章では目標12を、物流において各種機器や機材などの製品を使用する立場から、製品のサイクルの中で環境へ悪影響を与えないという視点でとらえています。また、製品の使用者として製造過程に関わることもあると思いますので、その場合の対応についても考えます。

1 輸送道具の使用責任

　物流事業者は、輸送や保管といった物流現場において、様々な機器や道具を使用します。フォークリフトやパレット、カゴ車、コンテナ、トラックなどがあります。最近では、倉庫内で働くロボットやパワースーツなどもあります。使用責任という意味では、環境に配慮した製品を使うこと、および処分あるいは破棄する際には環境汚染を引き起こさないことが、SDGsの観点から求められます。ここでは、物流のあらゆる場面でたくさん使用されるパレットに焦点をあててみましょう。

●パレット

　パレットとは荷物を載せるための荷役台です。代表的な平パレットの他に、ボックスパレット、シートパレットなど多くの種類が存在します。工場やトラック、海上コンテナ、倉庫、運送会社の営業所などでの荷役作業の効率化や、トラックドライバーや倉庫作業員の作業負担の軽減のためにも重要な道具といえます。

　日本では、T11型（1100 mm×1100 mm×144 mm）がJISにより一貫輸送用平パレットとして規格化されていますが、完全に標準化されているわけではなく、業種ごとに100種類くらいの異なるサイズがあるといわれています。日本では木製、合成樹脂（ポリプロピレン、ポリエチレン）製のものが大半で、近年は合成樹脂製が徐々に増えています。木材資源が豊かなヨーロッパでは、環境保護のために樹脂製ではなく木製のパレットの使用量が圧倒的に多いようです。他にも金属製や紙パレットなどもあります。

　日本で1年間に生産されるパレットは約6,100万枚で、そのうち木製が3,700万枚（60.2%）、プラスチック製が1,400万枚（23.7%）です（2020

パレットの種類

平パレット

最も多く利用されている
1,100×1,100mmのパレット

ネスティング（積み重ね）
可能なパレット

画像提供：日本プラパレット

ボックスパレット

画像提供：マキテック

年度、日本パレット協会調べ）。

❖パレットの役割

パレットは、貨物の取り扱い・輸送の効率化に欠かせないものです。パレットを利用することで荷役時間を短縮することができ、荷役にあたって作業員の負担の軽減も可能です。パレットによる段積みによって、貨物蔵置スペースを効率的に利用できます。このように物流現場において、効率化と作業員の負担軽減の両面から必要不可欠なものです。その意味で、パレットそのものは、SDGsの目標達成に大きく貢献しているといえます。

❖パレット使用の課題

パレットの使用は、SDGsの視点からも推奨されるものです。しかし、課題もあります。最大の課題は、その**管理**です。大量のパレットが物流現場で使用されていますが、その中の一定割合が回収されず行方不明になっています。近年増えているプラスチック製のものは、環境汚染の原因となるため、使用者が責任をもって管理・回収することが必要です。ICタグの利用や新しい素材を開発することも重要です。

もうひとつの課題は、パレットの**標準化**です。日本だけでも100種類以上のサイズが存在します。また、日本ではJIS規格の1,100 mm×1,100 mmが多く使用されていますが、欧州での統一サイズは1,200 mm×800 mmというように、国や地域によって異なることも問題点です。輸出の際に、JIS規格のサイズのパレットが使えないとか、積み替えが必要など、効率化の妨げになっています。

さらに、パレットを使用することで積載効率が低下するという理由からパレットを利用しないケースでは、トラックドライバーの荷役作業の負担増になります。こうした貨物をドライバーが嫌がることから、トラック会社が運送を断るといったケースもあります。これからの物流は、効率化だけでなく、環境や労働環境という点からも考えることが重要です。

年度別パレット生産数量（枚）

2021年6月1日現在

種別/年度	2016	2017	2018	2019	2020
木製パレット	40,751,036	45,177,461	43,340,372	47,445,978	37,085,709
金属製パレット	12,490,852	2,423,091	2,457,421	2,440,026	1,919,917
プラスチック製パレット	1,627,340	13,599,578	14,627,211	14,694,451	14,615,004
シートパレット	1,627,340	1,619,800	1,589,800	1,540,100	1,634,000
紙製パレット	1,852,320	1,898,628	1,974,573	1,816,607	1,871,105
リサイクル（再生）パレット・木製	2,694,425	2,278,391	1,701,377	1,500,110	2,440,624
リサイクル（溶リ材)パレット・プラスチック	2,183,817	2,281,097	2,115,773	1,906,310	2,059,747
合計	63,752,876	69,278,046	67,806,527	71,343,582	61,626,106

出所：日本パレット協会

日本と欧州の標準サイズの違い

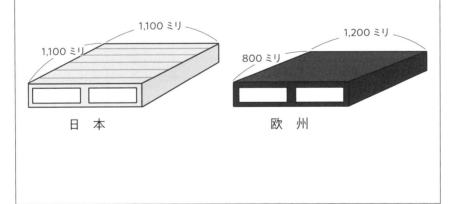

日　本　　　　　　　　欧　州

2 包装材・梱包材の使用責任

○包装と梱包

　包装と梱包、同じような用語ですが、英語では包装はpackaging、梱包はpackingと違います。どのように違うのでしょうか。

　「包装」には、①商業包装（商取引に用いられる商品の一部としての包装）と、②工業包装（物品の輸送や保管を主目的とする包装）の2つがあり、このうちの②の工業包装に含まれるのが「梱包」です。

　商業包装は、商品の保護だけでなく、商品の価値を高める化粧印刷や、シール、リボンなどの装飾要素が多分に用いられます。これは、商品が出荷される時点ですでにメーカーの手によって行われています。

　一方、工業包装は輸送包装ともいわれ、輸送中の衝撃や環境負荷（温度・湿度・紫外線等）から対象を守ることが役割です。したがって、物流事業者にとって重要なのは、梱包と梱包材の使用です。工業包装は、商業包装に比べて物理的、経済的制約が多く、シビアな分野です。

　SDGs目標12の製造・使用責任の観点からは、使用済みの梱包材の処理を正しい方法で行うことが重要です。

○梱包の種類

　ひと口に梱包といっても、梱包容器の素材や形態によって様々な種類に分けられます。まず、素材と形状によって分けられます。素材別では、「木製梱包」「スチール梱包」「段ボール梱包」があります。形状別では、「密閉箱」「透かし箱(木枠梱包)」「スキッド梱包」「パレット梱包」などです。他にも、製品の保護に関する「バリア梱包」「緩衝包装」等もあります。

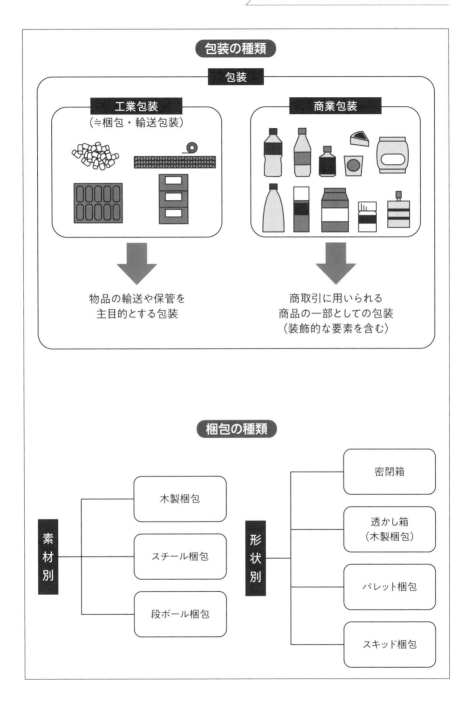

包装の種類

包装

工業包装
（≒梱包・輸送包装）

商業包装

物品の輸送や保管を
主目的とする包装

商取引に用いられる
商品の一部としての包装
（装飾的な要素を含む）

梱包の種類

素材別
- 木製梱包
- スチール梱包
- 段ボール梱包

形状別
- 密閉箱
- 透かし箱
（木製梱包）
- パレット梱包
- スキッド梱包

◯貨物の荷姿からみた梱包の種類

　貨物の荷姿から、梱包は、カートン、ベール、クレート、ドラム、コイル、ケース、ロール、フレコンバッグ、パレット、バンドル、バリア梱包、スキッドなどに分類することができます。

◯梱包材の種類

　梱包材には、木、段ボール、エアーキャップ、発泡スチロール、ガムテープなどがあります。このうち、中身にかかる衝撃や圧力を和らげるためのものは緩衝材と呼ばれます。

◯梱包材は「産業廃棄物」、違反すれば罰則

　梱包材は「一般ごみ」ではなく、「産業廃棄物」として専門業者に処分してもらう必要があります。段ボールや紙製のケース類は「紙くず」、エアーキャップやミラーマットは「廃プラスチック類」に該当します。法律や基準に則って専門業者に依頼し、適切な方法で処分しなければなりません。

　一般ごみとして出すことはもちろん、許可を持つ処分業者を使わずに処分すると「不法投棄」になります。近年、環境問題からこの不法投棄は非常に問題視されており、不法投棄を行うと罰則が生じます。

　専門業者に依頼して梱包材を処分することにしても、処理を委託した「だけ」では違反行為になることがあります。委託した後も、管理やチェックが必要になるのです。もし、管理やチェックを怠った場合には、罰則や違反行為としての措置がとられることがあります。

　梱包材を産業廃棄物として適切に処分することは、使用者の義務です。必ず産業廃棄物処理業者に依頼して処分することが、SDGs目標12の「製造・使用責任」への貢献です。

梱包材の種類

段ボール	エアーキャップ	ミラーマット
緩衝材	梱包テープ	ストレッチフィルム
薄型ケース（メール使用ケース）	厚紙封筒・ケース	宅配袋・宅配封筒

出所：近畿エコロサービス

梱包の種類（貨物の荷姿）

カートン
段ボール製の箱で軽量・安価、扱いやすい面があるため、梱包種類の中では一番よく使われている。

ベール
圧縮梱包ともいい、貨物圧力をかけ、減容させるうえで梱包や紐で固定することを指す。

クレート
板を透かして木箱または機械等を覆う木枠のこと。

ドラム
ドラム缶のことで、粉または液体の製品に適している。金属製ドラムの他、ファイバー製（化学繊維）、プラスチック製等のドラムもある。

コイル
コイルとは、針金など紐状のものを、螺旋状や渦巻状に巻いたもののこと。

ケース
木材、スチールなどから作られた丈夫な箱のことで、重い製品や傷付けやすい製品、精密機械など衝撃に弱い貨物の梱包に適している。

ロール
巻いた状態の製品（紙、敷物等）のこと。

フレコンバッグ
丈夫なシートで作られている袋。穀物、土砂など粉状の製品に適している。

パレット
貨物をまとめてフォークリフトで移動させる、または積み重ねて保管することが可能になり、パレット梱包は効果的で広く利用されている。木製の他にスチールやプラスチックパレットもある。

バンドル
筒、棒鋼、長尺板等細長い製品を束ねたもの。

バリヤー梱包
錆止め梱包ともいわれ、無透湿素材や乾燥剤で湿度の低い環境を保持し、金属製品の錆を防ぐための梱包方法。

スキッド
重量物をフォークリフトで運搬するため、貨物の底部に付着させた角材のこと。パレットを利用せずに、貨物に直接「下駄」を履かせたようなもの。

出所：ベストショッピングHP

3 シップリサイクルと解撤

○ シップリサイクルと解撤

日本海事協会によれば、シップリサイクルとは、技術的、あるいは経済的に寿命を終えた船舶を解撤し、得られた資源を再利用する一連のプロセスのことです。条件によって違いはありますが、船の寿命はおよそ20年ほどです。

解撤とは、船を解体し鋼材などを再利用にまわす一連の活動のことです。

船は、重量ベースで95%程度はリサイクル可能といわれており、解撤後、鋼材・非鉄金属材・什器・舶用品・ポンプ・エンジン・発電機等が再利用されています。

○ 主要な解撤国

船の解撤は、かつては日本でも盛んでしたが、現在は先進国ではほとんど行われていません。現在の解撤国は、バングラデシュ（60.2%）とインド（25.6%）の2か国に集中しています。トルコの7.3%を加えると、3か国で90%を超えます。これに中国やパキスタンなどが加わります。船舶の解撤は労働集約産業であり、安全衛生や環境汚染の問題があります。その結果、開発途上国に集中しているのが現状です。

○ シップリサイクル条約

かつては、途上国の汚い浜辺で、世界中の船の解撤が行われていました。保護具を着用せず、十分な訓練も受けていない労働者によって船が分解されていました。まさに、命がけの仕事でした。

解撤時に取り扱われる有害物質の管理や環境への影響、劣悪な労働環境

シップリサイクルとは

技術的、あるいは経済的に寿命を終えた船舶を
解体／解撤し、得られた資源を再利用するプロセス

Ship breaking, Demolition, Scrap　←　解体の側面のみ
⇒　"Ship Recycling"

解体
（解撤）

再生鉄　→　建築資材

金属素材
（アルミ、ステンレス、
銅、ホワイトメタル）　→　再生素材

機器（主機、補機、
甲板機器、航海機器）
居住区設備等　→　中古品として再利用

主要な解撤実施国（2019年）

パキスタン
11万5,000トン
1.9%

中国
33万8,000トン
2.8%

トルコ
88万8,000トン
7.3%

インド
310万8,000トン
25.6%

その他
37万2,000トン
2.2%

バングラディシュ
730万2,000トン
60.2%

出所：日本船主協会「海運統計要覧」(2022)

や安全衛生管理がなされていないことなどが国際的に認識されるようになり、国際労働機関（ILO）や国際海事機関（IMO）などの国際機関が改善のために動き出しました。2005年末、IMO総会において新規条約の策定作業の開始を決議、2009年に「船舶の安全かつ環境上適正な再生利用のための香港国際条約」（通称：シップリサイクル条約）が採択されました。

シップリサイクル条約の発効後は、500国際総トン以上のすべての船舶にインベントリー（船舶に存在する有害物質等の概算量と場所を記載した一覧表）の作成および維持管理が義務付けられます。

この条約は、解撤ヤードにおける労働安全の確保と有害物質の適正な処理処分を確保することが目的です。しかしながら、2021年現在、条約は発効していません。批准の条件として、①15か国以上の締結、②締結国の船腹量の合計が世界の船腹量の40％以上、③直近10年間の年間最大解撤量が締約国の船腹量の3％以上、という3つが必要です。2019年秋に、主要解撤国であるインドが批准し、発効要件の1つである締結国数はクリアされましたが、残る2つの発効要件がクリアされていません。

●シップリサイクルの重要性と日本の取り組み

解撤で出された鉄スクラップを電炉で溶解・製錬することでできた鉄鋼は、二酸化炭素の排出量を低減できることもあり、脱炭素に向かう世界で需要が増加しています。「資源の有効活用」および「作る責任と使う責任」という観点から、環境や労働安全に配慮したシップリサイクルの実施が重要です。

当該解撤施設が、安全に解撤が行える場所であることを証明するための認証制度を設ける動きも広がっています。日本では、日本海事協会（NK）が、インドやトルコ、バングラデシュ等にある解撤ヤードに専門の検査員を派遣し、安全面や環境面に配慮されているかどうか、現地の解撤施設を確認し、認証を与えています。日本の船会社は、日本海事協会が認証した解撤施設でのみ解撤することで、「作る責任と使う責任」を果たすよう努めています。

シップリサイクル条約の背景

海外の解撤ヤード

廃油土中投棄

労働者に対する不十分な保護

■ 船舶の多くが安全衛生および環境汚染の問題のある途上国で
リサイクルされている
■ 一部のマスコミや環境団体が議論を提起

国際的な規制の動きへ

4 サーキュラーエコノミー時代の物流

●SDGs時代の物流は循環型へ

　これまでの大量生産、消費・破棄という直線的な流れの社会に対して、これからの社会、つまりSDGsを重視する社会は循環型となります。循環型社会における経済の仕組みをサーキュラーエコノミーといいます。

　社会・経済が変わるに伴い、物流も変化しています。これまでの物流は、動脈物流と静脈物流から成り立っていました。そしてそれは、調達・生産から消費・回収／破棄へと一方向に向かう直線的なものでした。

　これからの循環型社会では、モノは消費されれば破棄される存在ではなくなります。繰り返し使用する存在となり、物流も循環型になります。つまり、従来のような動脈と静脈といった主従の関係はなくなり、すべてが動脈物流となります。

　こうした社会の仕組みの変化に伴う物流の変化の中に、ビジネスチャンスがあります。つまり、従来、静脈物流として重要視されてこなかった部分を、今後は次の物流起点へのつなぎ役として、新たなビジネス領域として注目してもいいのではないでしょうか。

●「作る」「使う」から、次の「作る」へのつなぎ役としての物流

　サーキュラーエコノミーにおいて、生産者は、作って消費者に届けてしまえば責任を果たしたと考えるのは過去の話です。生産者は、作ったものが消費された後、それを新たな資源として生き返らせるために回収し、新たな生産現場に投入する責任があります。そうした新たなモノの流れを支援するのが物流事業者です。単に回収して破棄するのではなく、回収して修理したり、再生、あるいは生産現場に再投入するなど複雑な物流となり

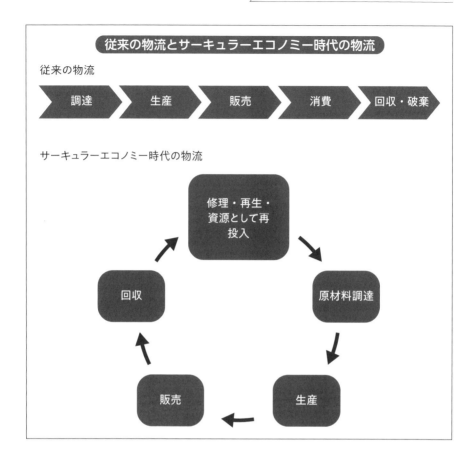

従来の物流とサーキュラーエコノミー時代の物流

従来の物流

調達　生産　販売　消費　回収・破棄

サーキュラーエコノミー時代の物流

修理・再生・資源として再投入

原材料調達

生産

販売

回収

ます。

　その複雑な物流を管理するためには、市場密着型の小規模な物流拠点がたくさん必要になります。そこに、小回りの利く中小物流事業者の出番があります。中小物流事業者が単独で行うというよりは、大手物流事業者と共同で行う形が考えられます。

　このように、SDGsが重視される社会は、サーキュラーエコノミーの時代になります。物流も循環型に対応したものに変化してゆく中で、従来、静脈物流ということであまり重視していなかった部分に新しいビジネスチャンスがあり、そこに中小物流事業者の出番があります。

コラム7 地球にやさしい商品の認証マーク

　地球にやさしい商品を使用することがSDGsに貢献することになります。「地球にやさしい商品」として認定された認証マークが、商品選択を手助けしてくれます。

地球を守る認証マーク

Rマーク
主に紙製品において、その製品に古紙パルプがどのくらい配合されているかを示すマーク。再生紙の利用促進、普及のためのマークとして定められたもので、申請や届け出が不要で誰でも使用できるので、記載された古紙パルプの配合率の表示や、使用後再生紙に利用できるかなど、選ぶ際には注意する必要があります。

バイオマスマーク
植物を原料とするバイオマスを使った製品（プラスチック、インク、容器、繊維製品など）に表示されます。バイオマスマーク認定商品は、循環型社会への貢献、地球温暖化の防止に役立ちます。

生産者を守る認証マーク

国際フェアトレード認証ラベル
国際フェアトレード認証ラベルは、①適正価格の保証、②プレミアム（奨励金）の支払い、③長期的な取引、④児童労働の禁止、⑤環境に優しい生産などの基準を満たした製品についています。国際フェアトレード認証の対象商品は、コーヒー、カカオ、コットン、紅茶、バナナ、花、スポーツボールなど多岐にわたります。

森林を守る認証マーク

間伐材マーク
森林を育てる間伐作業の際に出る「間伐材」を用いた製品であることを証明するマーク。全国森林組合連合会が設置する間伐材マーク認定委員会に申請し、認定を受けます。間伐材マークがあることで、その製品や企業が森林資源の保全や育成を促進していることが、消費者に伝わります。

エコマーク（175ページ）、FSC®、PEFC、SGEC（219ページ）もあります。

画像提供：3R活動推進フォーラム、日本有機資源協会、フェアトレード・ラベル・ジャパン、
全国森林組合連合会

第8章

目標13「気候変動」と物流

2015年第21回国連気候変動枠組条約締約国会議（COP21）で、2020年以降の温室効果ガス排出量削減等のための新たな国際枠組みとしてパリ協定が採択され、2016年11月発効しました。中国を含む約190か国・地域が批准し、2020年から適用が始まりました。2017年、トランプ大統領時代に脱退していた米国も、2021年2月、バイデン大統領になり復帰し、脱炭素社会の実現に向けて舵を切っています。パリ協定のもと、世界の主要国・地域では温室効果ガス排出量削減に取り組んでいます。

世界中で、環境への対応が社会と産業に大きな影響を与えています。環境対応は大きな潮流となり、もはやその流れを止めることはできません。企業が環境問題、具体的にはCO_2を主としたGHG削減に積極的に取り組む背景には、消費者と投資家の両方からの要請があります。環境への対応は、企業個別ではなく、サプライチェーン全体にわたって要求されています。物流業界もサプライチェーンを構成する重要な要素であることから、環境対応を免れることはできません。それは、大手企業に限られたものではありません。中小企業も、元請けや荷主からの要請により環境対応が迫られるのは明らかです。

COPの目的は温室効果ガスの削減

1 COP（締約国会議）

○COP

　COPは、「締約国会議（Conference of the Parties）」の略で、「国連気候変動枠組条約」（UNFCCC）の加盟国が本条約に基づき地球温暖化を防ぐための枠組みを議論するために毎年開催されている国際会議です。1995年から始まった取り組みで、新型コロナウイルス感染症の拡大に伴って中止された2020年を除き、毎年開催されてきました。気候変動枠組条約の最終的な目標は、地球温暖化の防止のために大気中の温室効果ガスの濃度を安定化させることです。

　ちなみに、国連気候変動枠組条約は、1992年5月に採択され、1994年3月に発効しました。締約国数は197か国・機関あります。

　地球温暖化防止条約とも呼ばれます。

○温室効果ガスの種類

　COPの目的は、地球温暖化の防止のために大気中の温室効果ガスの濃度を安定化させること、つまり温室効果ガスの排出量を削減することです。それでは、温室効果ガスにはどういうものがあるのでしょうか。一番多いのが二酸化炭素（CO_2）で、全体の75%を占めています。次いで、メタン（CH_4）が18%、一酸化二窒素（N_2O）4%、フロン類2%です。

　環境問題において「CO_2削減」が議論の中心になるのは、温室効果ガスの大半を占めるのがCO_2だからです。

○COPの歩み

　COPは、1995年に第1回（COP1）がベルリンで開催されて以降、直

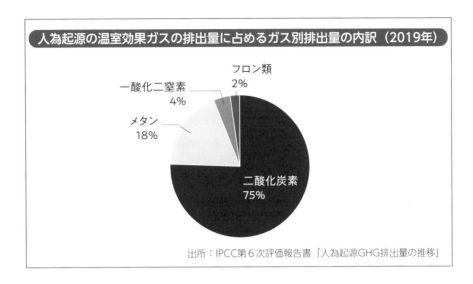

人為起源の温室効果ガスの排出量に占めるガス別排出量の内訳（2019年）

フロン類 2%
一酸化二窒素 4%
メタン 18%
二酸化炭素 75%

出所：IPCC第6次評価報告書「人為起源GHG排出量の推移」

近では2022年にエジプトのシャルム・エル・シェイクで第27回会合（COP27）が開催されました。このうち特筆すべき会合が、1997年京都のCOP3、2009年コペンハーゲンのCOP15および2015年パリ開催のCOP21です。

●COP3

　国連気候変動枠組条約は、二酸化炭素をはじめとする温室効果ガスの排出量を1990年の水準に戻すことを目標とし、各国に具体的な施策や温室効果ガスの排出量を締約国会議（COP）に報告することを義務付けていますが、COP3では、これまでのCOPよりも踏み込んだ内容が決定されました。その内容は、京都議定書（Kyoto Protocol）と呼ばれています。京都議定書では、先進国に対して数値目標を義務付けたのに対して、開発途上国に対しては義務を導入しなかったことから不公平との批判が出ました。

○COP15

　京都議定書の発効後も、先進国と開発途上国の対立が続きました。両者の対立が表面化したのが、2009年にデンマークのコペンハーゲンで開かれたCOP15です。COP15では、対立する各国の利害を調整しようと努力しましたが、アメリカと中国がCOP15やコペンハーゲン合意に参加せず、参加した日本やEUなどの基準が厳しくなったのにとどまりました。結局、先進国と開発途上国の格差やアメリカの不参加といった問題は、後のCOPの課題となります。

○COP21

　2015年にパリで開催されたCOP21では、京都議定書に代わる2020年以降の新たな枠組みが作られました。

　この枠組みはパリ協定（Paris Agreement）と呼ばれています。世界共通の長期目標として「2℃目標」の設定、1.5℃以内に抑える努力を追求することなどが盛り込まれています。パリ協定は、その発効要件（①締約国数55か国以上、かつ、②締約国の合計排出量が世界全体の55％以上）を満たした日の30日後に発効することとされており、2016年10月5日時点でこの要件を満たしたため、同年11月4日に発効しました。

　日本政府は、COP21の合意を受けて、2030年までに2013年度比で26％のCO_2削減目標を設定しましたが、2020年10月当時の菅首相の「カーボンニュートラル宣言」を受けて、CO_2削減目標を2013年比46％削減と大幅に引き上げたことはご承知の通りです。

○COP27

　直近のCOPは、2022年11月6日から2週間、エジプトのシャルム・エル・シェイクで開催されました。COP27では、途上国の「損失と損害（ロス＆ダメージ）」が主要テーマとなりました。地球温暖化の悪影響を最も受けている途上国への資金援助として「損失と損害」基金の設立が決まりました。

京都議定書とパリ協定

京都議定書

☐先進国の温室効果ガス排出量について、法的拘束力のある数値目標を各国ごとに設定

☐国際的に協調して、目標を達成するための仕組みを導入（排出量取引、クリーン開発メカニズム、共同実施など）

☐途上国に対しては、数値目標などの新たな義務は導入せず

☐京都議定書では削減するべき温室効果ガスとして、二酸化炭素やメタン、一酸化炭素など6種類を挙げ、2008年から2012年までの間にEUで8%、アメリカで7%、日本で6%、先進国全体で5%の削減を掲げた

パリ協定

☐世界共通の長期目標として「2℃目標」の設定、1.5℃以内に抑える努力を追求すること

☐主要排出国を含むすべての国が削減目標を5年ごとに提出・更新すること

☐すべての国が共通かつ柔軟な方法で実施状況を報告し、レビューを受けること

☐適応の長期目標の設定，各国の適応計画プロセスや行動の実施、適応報告書の提出と定期的更新

☐イノベーションの重要性の位置付け

☐5年ごとに世界全体としての実施状況を検討する仕組み（グローバル・ストックテイク）

☐先進国による資金の提供。これに加えて、途上国も自主的に資金を提供すること

☐二国間クレジット制度（JCM）も含めた市場メカニズムの活用

❗京都議定書の問題点

京都議定書では、先進国に数値目標を義務付ける一方、開発途上国に対しては数値目標などの新たな義務を導入しなかったため、中国やインドといった二酸化炭素排出量が多い国は数値目標などの拘束を受けず、不公平であるという批判が高まった。

出所：一般財団法人 地球産業文化研究所

2 環境対応は企業にとってリスクか、チャンスか？

● 環境対応はビジネスチャンス

　パリ協定のもと、世界の主要国・地域で温室効果ガス排出量削減に取り組んでいます。そうした各国の動きを背景に、世界の主要企業も排出削減に動き出しています。

　企業にとって、環境問題への取り組み（環境対応）、とりわけ温室効果ガス排出削減に取り組まないことは、これまでの商品・サービスが提供できなくなり、市場を失うといった大きなリスクとなります。

　一方で、ビジネスチャンスでもあります。ビジネスチャンスと捉え、積極的に温室効果ガス排出削減等の環境対応を積極的に進めることが、企業戦略上重要であると考えられます。

● あらゆるステークホルダーが環境対応を要請

　政府・消費者・取引先企業・投資家などステークホルダーからの環境対応への要請に応えられなければ、これまでの商品・サービスの提供ができなくなります。また、環境対応における顧客への付加価値や効率性において競争優位が保てなければ、市場シェアを失う恐れがあります。

　一方で、ステークホルダーからの環境対応への要請に応えることで競争優位を高めることができれば、その結果、利益、市場シェアの拡大が見込めます。環境対応を促進する新しい製品・サービス・技術・ビジネスモデルを得ることができれば、市場シェアを高めるだけでなく、新しい領域への進出も可能となることを考えれば、大きなチャンスでもあります。

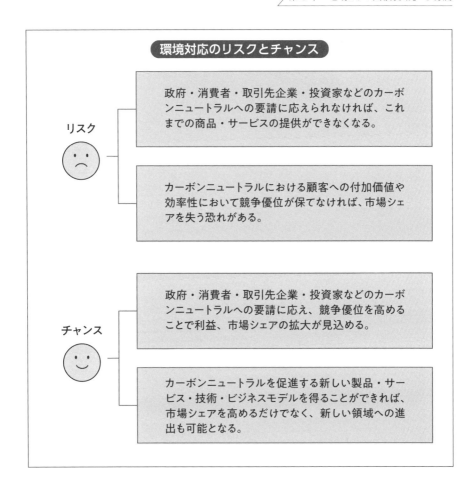

環境対応のリスクとチャンス

リスク

政府・消費者・取引先企業・投資家などのカーボンニュートラルへの要請に応えられなければ、これまでの商品・サービスの提供ができなくなる。

カーボンニュートラルにおける顧客への付加価値や効率性において競争優位が保てなければ、市場シェアを失う恐れがある。

チャンス

政府・消費者・取引先企業・投資家などのカーボンニュートラルへの要請に応え、競争優位を高めることで利益、市場シェアの拡大が見込める。

カーボンニュートラルを促進する新しい製品・サービス・技術・ビジネスモデルを得ることができれば、市場シェアを高めるだけでなく、新しい領域への進出も可能となる。

○環境対応が日本企業復権の鍵

このように、環境問題への対応は、ビジネスチャンスであると同時に、その対応の遅れは大きなリスクになります。もちろん、過度な対応は無駄を招く恐れがあります。

しかしながら、現在の日本の企業は、デジタル化や自動化において諸外国に大きく後れを取っている状況です。そう考えると、環境対応こそ復権の鍵であり、即刻の対応が求められるといえます。世界に先駆けての取り組みこそ、意味があります。

3 環境対応への
消費者からの要請

●消費者行動の変化

　商品を選ぶにあたって、価格だけでなく、環境への配慮などを重要視する人が増えています。欧州を中心に「フライトシェイム（飛び恥）」という言葉が流行しています。CO_2排出量の多い航空機の利用を避ける消費者行動です。

　こうした消費者行動の変化を受けて、航空業界では、植物などに由来する新たなジェット燃料である「持続可能な航空燃料（SAF）」への切り替えを急いでいます。商品だけでなくサービスにおいても、あるいは「B to B」（企業間取引）でも同様です。海運業界も、船舶燃料を重油からLNG等のよりCO₂排出量の少ない代替燃料を模索しています。トラック、鉄道も例外ではありません。

　消費者行動の変化は、企業の商品・マーケティング戦略にも変化をもたらしています。企業は、こうした消費者行動の変化への対応（＝環境対応）を迫られているということです。

●エシカル消費

　「エシカル消費」あるいは「エシカル商品」という、消費者行動の変化を表す言葉が使われています。これは人や社会、環境、地域などに配慮した消費行動、あるいは商品です。「エシカル」は環境だけでなく、貧困、児童労働、福祉、食品ロス、生物多様性の損失、地域の課題といった社会全体に関わる問題を、倫理的な消費行動によって解決していこうとするものです。

　エシカル消費は、英国で南アフリカの人種差別政策に反対する学生が、

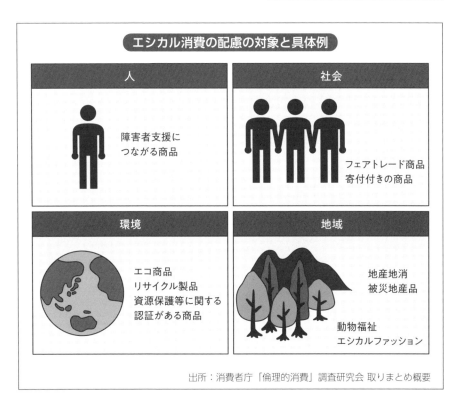

エシカル消費の配慮の対象と具体例

人

障害者支援に
つながる商品

社会

フェアトレード商品
寄付付きの商品

環境

エコ商品
リサイクル製品
資源保護等に関する
認証がある商品

地域

地産地消
被災地産品

動物福祉
エシカルファッション

出所：消費者庁「倫理的消費」調査研究会 取りまとめ概要

南アフリカ産品のボイコットを展開し、情報誌「エシカル・コンシューマー」を発刊したことが始まりといわれています。その後、不買による圧力よりも、搾取なき生産や適正価格の産品を応援・支援することに軸足が置かれるようになりました。

　エシカル消費に積極的に取り組む地方自治体もあります。徳島県は、2018年にエシカル消費条例を定め、独自に啓発活動に取り組んでいます。

　エシカル消費が配慮する点は環境だけではありませんが、ここでは、環境を中心に考えてみます。

●エシカル消費志向の拡大

　エシカル消費に対応した商品の成功例のひとつに、若者に人気のスニー

カーブランドの「オールバーズ」があります。靴や衣類に羊毛やサトウキビなどの天然素材を使用するだけでなく、生産に係るCO_2の排出量をタグに明記しています。2016年の創業からわずか７年ながら、こうした取り組みが若者の支持を集め、すでに確固たる地位を築いています。

エシカル消費は、ファッション業界だけでなく、食品などあらゆる業界に拡大しています。

「環境保護を支持している企業から商品を購入する」人の割合は、ドイツ47％、米国51％、シンガポール52％、日本33％です（PWC世界の消費者意識調査2021年６月）。欧米諸国のほうが、エシカル消費への意識が高いのがわかります。消費者庁「『倫理的消費（エシカル消費）』に関する消費者意識調査報告書(2019年)」のエシカル消費に関するイメージでは、「これからの時代に必要」と答えた人が51.8％と過半を占めています。2016年の調査では29.3％でしたから、３年で22.5ポイント上昇したことになります。

しかし、エシカル消費を実践しているかという問いに対して「実践している（よく実践している＋ときどき実践している）」人は36.1％と、まだ多くないようです。この数値は、ほぼPWCの調査と一致しています。実践している割合の多い年代は、50代・60代女性で、45.0％です。

エシカル消費の内容では、「マイバッグ・マイ箸・マイカップ等の利用」が86.8％、「電気をこまめに消す等の省エネ」「食品ロス削減」「リサイクル活動・購入」などが60％を超えています。

○エコマーク

商品の選択にあたって、エコマークのついた製品を選ぶことで、環境への負荷を減らすことができます。エコマークは、環境への負荷が少なく、環境保全に役立つと認められた商品につけられる環境ラベルです。「資源採取」「製造」「流通」「使用消費」「リサイクル」「廃棄」と、商品のライフステージを通して環境への影響を総合的に判断していることが特徴です。

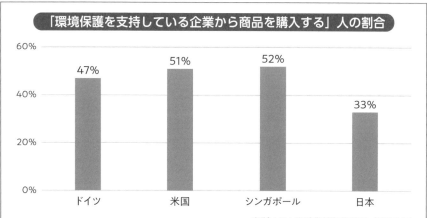

「環境保護を支持している企業から商品を購入する」人の割合

出所：PWC所費者意識調査（2021年）

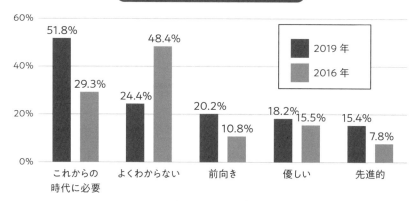

エシカル消費に対するイメージ

出所：消費者庁「倫理的消費（エシカル消費）」に関する
消費者意識調査報告書 2019年／2016年比較

画像提供：日本環境協会

4 環境対応への荷主からの要請

○競争優位戦略としての脱炭素化への取り組み

多くの企業が環境対応としてのCO_2削減、最終的には脱炭素化を目指した取り組みを始めています。環境対応としてのCO_2削減は、自社の製品そのものだけではなく、その原材料・部品の調達から消費・廃棄までのサプライチェーン全体がその対象です。つまり、輸送や保管などの物流分野も含まれます。企業はまず自社の製造過程で脱炭素を実現しようとします。続いて、サプライヤーを中心とした**サプライチェーンを構成する関係企業すべてにCO_2削減を要求**します。

例えばアップルは、「サプライヤー・クリーン・エネルギー・プログラム」を始動し、すべてのサプライヤーにエネルギー効率の向上と再生可能エネルギーを用いた電力源への転換を要請しています。アマゾンは、2019年発表の「シップメント・ゼロ」計画で2030年までに商品配送時のCO_2排出量を半減、2040年までにCO_2排出量ゼロを目指すことを宣言しています。トヨタはサプライチェーン全体で脱炭素を目指すとして、部品会社に対して2021年度のCO_2排出量の前年比3%削減を求めています。また、ドイツの自動車大手のフォルクスワーゲンが自らの製品である自動車の海上輸送にあたって、海運会社に対してLNG燃料の船舶の使用を要請していることなどはこうした動きの一部です。

○企業の脱炭素実現への4段階

企業の脱炭素実現への取り組みは、4段階に分類することができます。

第1段階は、自社内の取り組みです。第2段階は、サプライヤーへの要請です。第3段階は物流段階、物流事業者への要請です。この第3段階は、

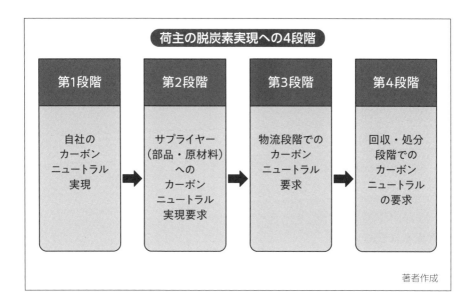

荷主の脱炭素実現への4段階

第1段階	第2段階	第3段階	第4段階
自社のカーボンニュートラル実現	サプライヤー（部品・原材料）へのカーボンニュートラル実現要求	物流段階でのカーボンニュートラル要求	回収・処分段階でのカーボンニュートラルの要求

著者作成

前期と後期の2つに分類することができます。まずモードの部分（海運会社、航空会社、トラック会社等の輸送部門）に、次いでノード（トラックターミナル、コンテナターミナル、倉庫など）の2分類です。第4段階は回収・処分の段階における事業者への要請となって現れるでしょう。

　現在は多くの企業が、第1～2段階にありますが、先進的取り組み企業のアップルやウォールマートは、すでに第3段階に進んでいます。また、フォルクスワーゲンなどは第3段階の前期にあたるといえます。

◯物流事業者も荷主による脱炭素への取り組み要請から免れない

　倉庫やコンテナターミナルなどのノードの部分への脱炭素化への取り組み要請が現れるのも、目の前に迫っていると思われます。

　中小物流事業者についても、**脱炭素への取り組みの遅れは、サプライチェーンから外される可能性という大きなリスク**となります。一方、他の事業者に先んじての取り組みは、競合他社に対して競争優位を確保し、シェアを高める可能性という意味でチャンスです。

5 環境対応への投資家・金融機関からの要請

企業に対して環境対応を求める動きは、消費者・荷主だけではありません。投資家や金融機関からも、株主提案や融資など様々な形で環境対応へのプレッシャーがますます強くなっています。

●投資家はESGを重視

今日、投資家は売上高など財務指標だけでなく、「E：環境、S：社会、G：企業統治」への取り組みも評価して銘柄を選ぶ、いわゆるESG投資に注目しています。

銀行などの金融機関に対し、株主提案の形で気候変動対応に圧力がかかるケースが世界的に広がっています。具体的には、株主提案の形で金融機関による化石燃料融資を制限するものです。こうした株主提案の多くは否決されていますが、賛同する意見も決して少ないものではありません。その動きを反映して、日本のみずほ銀行、三井住友銀行、三菱UFJ銀行などメガバンクは、化石燃料への融資を絞り始めています。

●金融機関も企業のSDGsを後押し

金融機関による企業のESG対応を促す具体的な手段のひとつが、SLL（サステナビリティ・リンク・ローン）と呼ばれるものです。これは、融資にあたり企業にESG関連の目標を設定してもらい、その達成によって貸し出し金利を引き下げるというものです。

こうした制度は、メガバンクだけでなく地方銀行にも拡大しています。地方銀行で早くからSLLを取り入れている滋賀銀行では、地域の中小企業を中心にその融資額は90億円に上るといいます。また、武蔵野銀行は「む

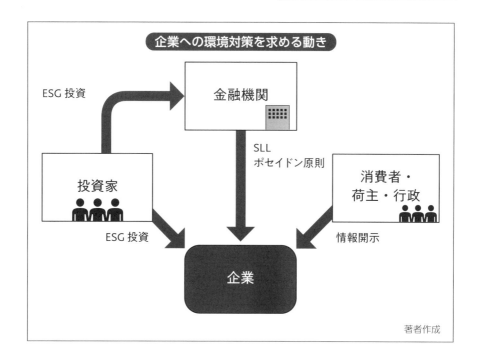

企業への環境対策を求める動き

ESG投資

金融機関

SLL
ポセイドン原則

投資家

消費者・
荷主・行政

ESG投資

情報開示

企業

著者作成

さしのSDGsフレンズローン」の名称で、横浜銀行と千葉銀行との提携を
ベースに同様のSDGs融資を始めています。

　海運企業への融資については、金融機関が独自の審査基準を設けていま
す。「ポセイドン原則」と呼ばれるものです。これに署名した金融機関は
融資先の海運会社が、国際海事機関（IMO）が設定した気候変動目標に
適合しているどうかを定量的に評価、公表するためのグローバルな枠組み
を定めています。

　投資家は、金融機関や企業に対して株主提案の形でESG投資を求めてい
ます。また、金融機関は、融資にあたって融資先企業の環境対応によって
融資条件を変えることでSDGsを後押ししています。化石燃料など環境に
マイナスの事業には投資・融資が受けられない場合があります。一方で、
SDGsに貢献する事業に対しては低金利を含めて積極的な支援が得られま
す。こうした制度を事業に活用することを考えてみてはいかがでしょうか。

6 環境対応への行政の要請

企業活動によるCO_2削減を中心とした環境対応は、国際条約や国内法によってその促進が求められています。以下にいくつかの例を挙げます。

●改正地球温暖化対策推進法

地球温暖化対策推進法が2022年4月に改正・施行されました。「我が国における2050年までの脱炭素社会の実現を旨として、国民・国・地方公共団体・事業者・民間の団体等の密接な連携の下に行われなければならないものとする」と記され、個人を含めたすべての関係者が当事者であることが明記されています。中小企業も例外ではありません。

●物流総合効率化法

2005年に施行された物流総合効率化法の改正案が、2016年に国会で可決されました。そこには「モーダルシフト」「輸配送の共同化」等の輸送の合理化により、流通業務の効率化を図る事業に対する計画の認定や支援措置等が盛り込まれました。これは、省力化および物資の流通に伴う環境負荷の低減を図るための物流効率化の取り組みを支援することを目的としています。

●省エネ法（エネルギーの使用の合理化等に関する法律）改正

2022年3月1日、エネルギー使用量の多い1万2,000社に対して、非化石エネルギー使用割合の目標設定を義務付けることを閣議決定しました。今後、省エネ法改正の国会での成立を経て、2023年4月1日に施行されました。

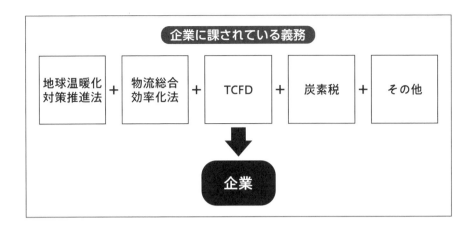

●TCFD（気候関連財務情報開示タスクフォース）

　TCFDは、2015年に世界の中央銀行や金融当局からなる金融安定理事会によって設立され、2017年に企業や金融機関に対して気候変動が財務に与える影響を分析・開示するよう求める提言を出しました。多くの日本の企業・金融機関が、この提言に賛同しています。

　このような環境関連の情報開示の要請はますます強くなっています。また、金融庁が気候変動リスクの開示を有価証券報告書に記載することを求める検討に乗り出しています。

●炭素税

　温室効果ガスの排出を伴う化石燃料に、炭素の含有量に応じた税金をかけるものです。欧州では、近く導入が見込まれています。

　省エネ法の改正による目標設定義務や気候関連情報開示などが求められているのは、現在のところ大企業ですが、こうした圧力の低い非上場企業・中小企業が温室効果ガスの排出の多い企業の「隠れ蓑」になっているとの批判があります。こうしたことから、今後は中小企業にも情報開示の要請が拡大するものと考えられます。

7 環境対応を 企業戦略に取り入れる

●SDGsをマーケティング戦略・企業戦略として積極的に活用する意味

「SDGsへの対応が求められているから、何かしなければならない」と仕方なく取り組むのではなく、マーケティング戦略、あるいは企業戦略として積極的にSDGsに取り組む企業も少なくありません。

その多くは大手企業ですが、他でも触れているように、SDGsへの取り組みはサプライチェーン全体に求められるものです。したがって、中小企業を含むすべての企業が何らかの形でサプライチェーンに組み込まれていることを考えれば、中小企業といえどもSDGsの流れに逆らうことはできません。遅かれ早かれSDGsに取り組むことが求められます。

それなら、競合他社に先んじてSDGsに取り組み、それを成長戦略の武器とすることを考えてみてはいかがでしょうか。ここでは、SDGsを企業戦略として活用する企業の例を挙げます。

トヨタ、ソニーやリコーなど、環境対策に積極的な企業は、すでにサプライチェーン全体での温室効果ガス排出量を公表しています。こうした動きは急速に拡大しており、物流（輸配送・保管）における温室効果ガス排出量で物流企業を選ぶ時代は目前に迫っています。物流企業にとって脱炭素化、いい換えればSDGsへの取り組みの遅れは商機を失うことを意味します。

ヤマト運輸、佐川急便、日本通運や日本郵便などが積極的に自社トラックに電気自動車の導入を進めているのはみなさんご存じのとおりです。

ドイツの自動車メーカーのフォルクスワーゲンは、自社の自動車の海上輸送にあたって海運企業に対して、従来の重油を燃料とした船舶ではなくよりCO$_2$排出量の少ないLNG（液化天然ガス）を燃料とした船舶を使用

東急のSDGsトレイン「美しい時代へ号」

画像提供：東急

することを求めています。これを受けて、日本郵船、商船三井、川崎汽船といった日本の海運会社は、LNGを燃料とした自動車運搬船を造船会社に大量発注しています。

●低炭素輸送をキャッチフレーズにしたマーケティング戦略

フランスの大手コンテナ船社であるCMA-CGMは、既存のコンテナ船をLNG燃料へ改装、あるいは新造コンテナ船をLNG燃料船にすることで、荷主に対して「低炭素輸送」をキャッチフレーズに積極的に売り込んでいます。LNG燃料の場合、従来の重油燃料に比べてCO_2の排出を25〜30%程度削減できるといいます。

●SDGsトレイン

東急グループは、阪急阪神ホールディングス株式会社と協働し、SDGsの認知度向上を図るとともに、SDGsの達成に向けた取り組みを広く社会に普及させ、これにより持続可能な未来を創造していくきっかけになるこ

とを目的とした特別企画列車「SDGsトレイン」を、国や自治体・企業・市民団体などと連携して運行しています。

東急グループは「SDGsトレイン 美しい時代へ号」の名前でラッピング車両を期間限定で運行しています（2026年3月31日まで運行予定）。

●東急電鉄の具体的な取り組み

東急電鉄は2022年4月1日から全路線で、再生可能エネルギー由来の実質CO_2排出ゼロの電力で運行しています。非化石電源により発電された電力の環境価値を取り出した証書である「非化石証書」を活用した電力を使用することにより、CO_2排出量が実質的にゼロになります。

●CO_2の排出量で値段を決める小売店

スウェーデンの首都ストックホルムの食品ブランド「フェリックス」が2020年10月に開いた脱炭素を意識した試験店では、野菜などの商品の値段をCO_2排出量に応じて決めています。顧客は、購入する商品の合計のCO_2排出量が決められています。つまり、排出量の多い商品だと少ししか購入できなということです。同じ野菜でも、輸入野菜は地場の野菜に比べて輸送距離が長い分、CO_2排出量が多くなり、値段を高くつけられるという仕組みです。

●再エネ電力で物流施設の脱炭素化

倉庫・物流センターといった物流施設も、サプライチェーンを構成するひとつであり、脱炭素化の要請を受けています。こうした物流施設で使用する電力をすべて再生可能エネルギーで賄うことで、脱炭素化を図る動きが活発になっています。サプライチェーン全体で脱炭素を目指す荷主の考えを先取りしたものといえます。

物流不動産大手の日本GLPは、自社の全施設で使用する電力を100%再生可能エネルギーに切り替えるために、太陽光パネルの設置、再生可能エ

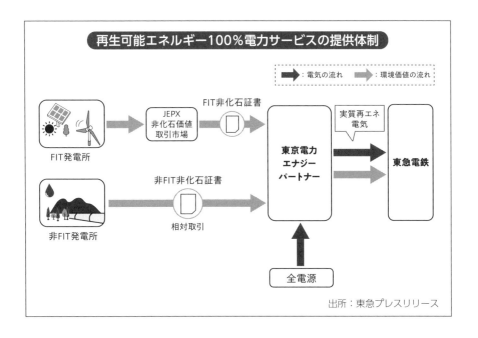

出所：東急プレスリリース

ネルギー開発会社のM&Aなどのために500億円を投資することを決めました。

　物流大手のセンコーは、2022年度に物流施設10か所に屋根置き型の太陽光発電システムを導入し、施設の使用電力のすべてを賄い、余ったものは外販する計画です。

　ドイツポストグループのDHLは、日本の物流拠点で太陽光発電など再生可能エネルギー発電設備の導入や利用を始めると発表しました。

　こうした動きは、サプライチェーン全体で温室効果ガス排出量削減に取り組もうとするもので、荷主からの要望はより強くなり、環境に配慮した物流（輸送や保管）環境は、より重要になるでしょう。

8 すぐにできるSDGsの 取り組み例と注意すべきこと

○すぐにできるSDGsの取り組み例

物流業界に限りませんが、中小企業でもすぐにできるSDGsの例をいくつか挙げてみます。

①社員にマイボトルを配布

社員が積極的にマイボトルを利用することで、ごみの減量が見込まれると同時に、SDGsに対する社員の意識を高める効果も期待できます。

2006年から象印マホービンは、町中に「給茶スポット」を設置しています。マイボトルを持つことで、街中でのこうしたサービスを利用することができます。

②名刺や備品を環境にやさしい素材に変更する

名刺や社内で使う用紙類に、再生紙やバナナペーパーなど地球にやさしい素材を使うことも、SDGsへの取り組みです。名刺に再生紙を使う企業はすでに少なくありません。

③ノベルティグッズなどを環境に対応したものに変更する

自社のノベルティグッズを、SDGsの考えに沿ったものにすることで、SDGsへの取り組みをアピールできます。

④フェアトレード商品の使用

社内で消費するコーヒーなどに、フェアトレード商品を積極的に購入することも、すぐに取り組むことのできる事例です。

⑤照明をLEDに代える

紙や電力の使用量を減らすことは大切ですが、空調を抑えすぎて熱中症になっても困ります。とりあえずは照明をLEDに代えるだけでも効果は

今すぐできるSDGsへの取り組み

社員に
マイボトルを
配布

ノベルティ
グッズなどを
環境に対応した
ものに変更する

照明を
LEDに
代える

名刺や備品を
環境にやさしい
素材に変更する

フェアトレード
商品の使用

①注意すべきこと
①持続可能であるか
②自社ならではの必然性があるか
③社員のモチベーション低下など社内的な問題はないか

あります。

●SDGsへの取り組みにおいて注意すべきこと

　一般的に、特に中小企業がSDGsに取り組む際に注意しなければならない点を3つ挙げておきます。

　①持続可能であるか

　②自社ならではの必然性があるか

　③社員のモチベーション低下など社内的な問題はないか

　SDGsへの取り組みは、決して無理をしてはいけないということです。その取り組みが持続可能かどうかが重要なポイントです。

コラム8 WFPレッドカップ キャンペーン

　WFP（World Food Programme：国連世界食糧計画）は、国連の食料支援機関です。レッドカップキャンペーンは、WFPによる学校給食を支援するプログラムです。

　国連WFPが給食を入れる容器として使っている赤いカップを目印に、同キャンペーンに賛同する企業からキャンペーンマークのついた商品が発売されています。対象商品を購入すると、売上の一部が企業から寄付され、その資金が子どもたちの学校給食にあてられます。

　学校に通えない子どもは世界で6,700万人、栄養不足の子どもは5人に1人といわれています。学校給食を支援することで、子どもたちを飢餓から救うだけでなく、教育の機会も与えていることになります。

　レッドカップキャンペーンが2011年に開始されて以来、累計約2,000万人以上の子どもたちに学校給食が届けられました。2020年時点で、学校給食支援実施国は57か国以上です。

　日本では、日用雑貨、生鮮食品、加工食品の他、サービス業など49社が参加しています。

　こうした商品を選択することでSDGsに貢献することができます。参加企業の1社である東亜道路工業株式会社は、舗装の補修材「固まるアスファルト・コールドパーミックス」という商品を販売しています。物流会社の倉庫や駐車場の補修に利用することも考えられます。今のところ物流会社の参加はないようですが、宅配便や引っ越しなど個人向けのサービスは参加可能かもしれません。他の物流サービスでも検討してはどうでしょうか。

飢餓から救う。
未来を救う。
WFP
国連世界食糧計画

画像提供：国連WFP協会

第9章

目標14「海の豊かさを守ろう」 と物流

　地球の70％は海です。私たちの食料としての魚は海から与えられています。また、物流の大動脈としての海上交通もなくてはならないインフラです。海なくして、私たちの社会や経済は成り立ちません。

　目標14「海の豊かさを守ろう」は、海の自然や資源を守るだけではなく、海の資源を持続可能な形で利用することも含まれています。つまり、海洋開発と海洋環境保護の両立が望まれているといえます。

　海運会社をはじめとする物流面での海の利用における環境保全だけでなく、海洋ごみの削減、あるいは海洋開発における間接的な支援など、物流事業者にもできることは少なくありません。それぞれの立場で、できることから取り組むことが大事なのではないでしょうか。

海洋ごみの大半は陸上から

1 海洋ごみが 海で暮らす生物を脅かす

持続可能な開発目標（SDGs）のターゲットのひとつとして、「2025年までに、海洋ごみや富栄養化など、特に陸上の人間の活動によるものをふくめ、あらゆる種類の海洋汚染を防止し、大幅に削減する」が掲げられています。

〇海洋ごみの大半はプラスチックごみ

海洋ごみとは、「漂着ごみ（海岸に打ち上げられたごみ）」、「漂流ごみ（海面や海中を漂うごみ）」、「海底ごみ（海底に積もったごみ）」の総称です。

海洋ごみの3分の2が、レジ袋やペットボトル、食器や商品のパッケージなどのプラスチックごみです。世界の海にあるプラスチックごみは1億5,000万トンといわれています。さらに毎年800万トンが新たに流入しています。重さにするとジャンボジェット5万機、東京スカイツリー222基分に相当します。このうち2万〜6万トンのプラスチックごみが日本から流出されていると推計されています。日本は、1人あたりのプラスチック容器の廃棄量が世界で2番目に多い国です。

海のプラスチックごみが増え続ければ、2050年には魚の量を上回るという予想もあります。

〇なぜ、海のプラスチックごみが問題なのか？

なぜ、海のプラスチックごみが問題かというと、海で暮らす生物を脅かすからです。

2019年3月、フィリピンの海岸に打ち上げられたクジラの胃から40kgものビニール袋が出てきたというニュースがありました。同様の事例は日

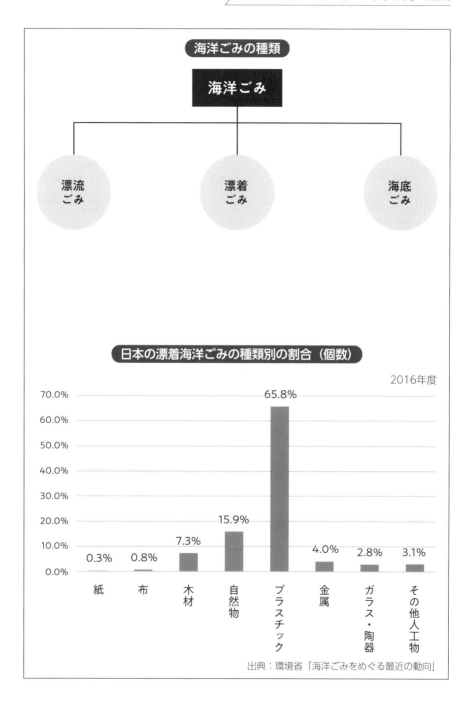

海洋ごみの種類

海洋ごみ

漂流ごみ　　漂着ごみ　　海底ごみ

日本の漂着海洋ごみの種類別の割合（個数）

2016年度

	割合
紙	0.3%
布	0.8%
木材	7.3%
自然物	15.9%
プラスチック	65.8%
金属	4.0%
ガラス・陶器	2.8%
その他人工物	3.1%

出典：環境省「海洋ごみをめぐる最近の動向」

本でも報告されています。

　クジラは海に漂流するビニール袋を餌と間違えて食べてしまいます。ビニール袋は消化されないため、胃の中がビニール袋でいっぱいになり、魚などのエサが食べられなくなって死んでしまいます。クジラだけでなく、ウミガメやイルカ、海鳥なども同様です。

　プラスチックごみの中で直径5 mm以下のものをマイクロプラスチックといい、魚や貝などが餌と間違えて食べてしまう例が確認されています。マイクロプラスチックを食べた魚を食べるのは私たちですので、その悪影響も心配です。

●海洋ごみはどこからくるのか

　プラスチックは非常に便利で、私たちの身の回りの様々な製品に使用されています。レジ袋やペットボトル、使い捨ての食器、商品のパッケージなど、使い捨てにされるプラスチックごみがポイ捨てされたり、屋外に放置されたりすると、雨や風によって河川に入り、海に流れ出てしまいます。海のプラスチックごみのほとんどは陸からのごみです。

　海に流れ出たプラスチックのごみは、潮の流れや風の力によって遠くまで運ばれたり、海面や海中を浮遊して遠くまで運ばれたり、海底に沈んだりしています。

●海洋ごみは陸の問題

　海洋ごみは、陸上における私たちの社会・経済活動から生まれています。海洋ごみの問題は、海の問題というよりは陸の問題なのです。海洋ごみ削減への対応が求められるのは、海運や港湾など海に関わる事業者だけの問題ではないのです。

　海洋ごみを減らすためには、私たち個人の努力と、物流業界を含むすべての企業の日々の事業活動の中での努力が必要です。

拡散する海洋ごみ

漂流ごみ

海面や海中に浮遊しているごみ。
風や海流、潮流によって遠くまで
運ばれることもある。

漂着ごみ

海岸に打ち上げられたごみ。
大きな木や海藻に交じって、
生活ごみや漁具などが漂着している。

海底ごみ

海底に沈んでしまったごみ。
漁具や缶・瓶だけでなく、
レジ袋なども沈んでいる。

陸上のごみが海へ

ポイ捨てや屋外で放置されたプラスチックごみが散乱

雨や風によって、川へ流れて海へ

出所：政府広報オンライン（2019.5.14）

2 船舶による海洋汚染
──船舶事故による油流出

大規模な事故は世界的に減少している

○船舶事故による油流失と海洋資源破壊

　船舶による海洋汚染で思い浮かぶのは、船舶の事故による油の流出でしょう。

　最近では、2020年7月25日、インド洋モーリシャス沖で日本の海運会社の貨物船「WAKASHIO」が座礁し、船体に亀裂が入り約1,000トンの重油が海に流出しました。この海域は、ラムサール条約で国際保護湿地に指定されているポワントデスニーと呼ばれる海域で、世界の希少、豊富なサンゴ礁が広がり、沿岸にはマングローブ林が広がっています。流出した油によってこうした自然が破壊されるということで、世界的に注目を集めました。自然保護と回復への対応が、2年以上たった今も続けられています。

　「WAKASHIO」は貨物船であり、流出した油は燃料油でしたが、船舶の油流出で被害の大きいのはタンカー事故です。

　世界最悪のタンカー事故は、1983年8月6日、スペイン籍の原油タンカー「カストロ・デ・ベルバー（Castillo de Bellver）」（263,031重量トン）の南アフリカ沖での事故です。突然の炎上と二度の爆発で、約30万KLの油を流失・燃焼させながら、沈没しました。この時は、海流と風向きに恵まれ、流出油は沿岸には漂着しませんでした。

　2番目の事故は、1978年3月16日。フランス沖で発生したリベリア籍の原油タンカー「アモコ・カディス（Amoco Cadiz）」（233,690重量トン）の座礁事故です。座礁の後、船体が破断し、積荷の原油約26万KLを流出させました。事故が起こったのは、フランスブルターニュ半島沿岸であったため、フランスのリゾート地の海岸約200kmを汚染するという悲惨な

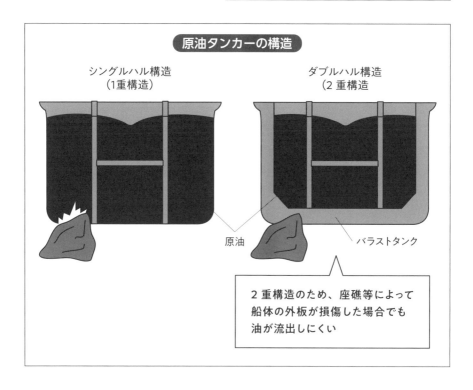

原油タンカーの構造

シングルハル構造
（1重構造）

ダブルハル構造
（2重構造

原油

バラストタンク

2重構造のため、座礁等によって
船体の外板が損傷した場合でも
油が流出しにくい

ものでした。

●タンカーによる油流出事故は大きく減少

　環境意識の高まりもあって、タンカー事故は大きくニュースに取り上げられる傾向にありますが、実はタンカーによる大規模な油流出事故は世界的に大きく減少しています。

　タンカーによる大規模油流出事故の件数は、1970年代には年間平均24.5件でした。1980年代は9.4件、1990年代は7.7件、2000年代は3.2件、2010年代には1.8件と減少しています。

　タンカーによる大規模油流出事故の減少の要因は、国際的な安全への取り組みです。第1に、ダブルハル・タンカーの普及です。「ハル」は船体のことで、「ダブルハル」とは船体が2重構造になっているものです。そ

のため、仮に衝突・座礁事故が発生しても油が流出しにくくなったのです。

　もうひとつの要因は、SOLAS条約で国際安全管理コード（IMS Code）による安全管理システムの構築が、海運会社に要求されるようになったことが挙げられます。

●船舶による油流出の新たなリスク

　タンカーによる油流出事故は減少しましたが、船舶の大型化、特にコンテナ船の大型化で多くの燃料油を保有するケースがあります。先述の「WAKASHIO」はコンテナ船ではありませんが、当時およそ4,000KLの燃料油があったようです。現在の大型コンテナ船は、全長が400メートルを超えるものもあります。これは、米軍の原子力空母よりも長いことになります。16両編成の新幹線より長いのです。こうした船では１万KLの燃料油を搭載できるものもあります。こうした大型コンテナ船が、世界を駆け巡っています。

　もちろん、国際条約を含めて様々な安全対策が取られていますので、簡単に油流出に結び付くわけではありません。環境意識の高まりもあって、いったん事故が起きるとニュースで大きく取り上げられるため、多くの事故が発生しているような印象を受けるかもしれませんが、実際にはタンカーによるものも含めて、全体として船舶による油流出事故は減少しています。

近年の代表的な石油流出事故

年	場所	原因	流出量
1989	アラスカ、プリンス・ウィリアム湾	エクソン・バルディーズ号座礁	34,850t
1990	メキシコ湾	メガボルグ号爆発（バイオオーグメンテーションが実際に使用された第一号）	5.1ガロン
1991	ペルシャ湾	湾岸戦争	202,500〜540,000t
1992	マラッカ海峡	ナガサキ・スピリット号衝突	13,000t
1992	スペイン北西岸、ラ・コルーニャ湾	エージアン・シー号座礁	73,000t
1993	英国、シェットランド島南西沖	ブレア号座礁	85,000t
1993	スマトラ島北西アンダマン海	マースク・ナビゲータ号衝突	25,000t
1994	トルコ、ボスポラス海峡	ナシア号衝突	25,500t
1994	アラビア半島フジャイラ沖	セキ号衝突	15,000t
1995	韓国、霊水港沖所里島南西海岸	シー・プリンス号座礁	81,600t
1996	英国、ミルフォード・ヘブン入口	シー・エンプレス号座礁	50,000〜70,000t
1997	日本海	ナホトカ号座礁	5,304t
1997	東京湾	ダイヤモンド・グレース号座礁	1,317t
1997	シンガポール海峡	エボイコス号衝突	28,463t
1999	フランス沖	エリカ号沈没	11,000t
2000	アラブ首長国連邦	タンカー沈没	重油約200t
2000	シンガポールセントーサ島(インドネシア領海)	パナマ船籍のタンカー座礁	Nile Brend原油7,000t
2002	伊豆大島波浮港の東約500mの海岸	ハルヨーロッパ号座礁	1,300KLの燃料用C重油が搭載されていたが、ほとんどは抜き取りされていた
2002	イエメン南部	爆発で開いた大きな穴から大量の原油が流出した模様	原油約40万バレル
2002	スペイン北西部ガリシア地方沖	プレスティージ号が沖合いで真っ二つに折れ、沈没	10,000t以上
2007	アメリカ、サンフランシスコ	コスコ・ブサン号	重油約58,000ガロン（約220,000L)
2007	韓国	Hebei Spirit号	重油10,800t
2009	オーストラリア・モートン島沖	貨物船から大量の重油が流出（60kmにわたる海岸が汚染された）	石油約230t
2010	アメリカ、メキシコ湾	石油掘削施設の爆発	原油約440万バレル

出所：独立行政法人製品評価技術基盤機構HP

船舶によって運ばれる水生生物が生態系に影響を及ぼす

3 船舶による海洋汚染
——バラスト水問題

● バラストとバラスト水

バラスト水とは、大型船舶が空荷の時に船体を安定させるために重しとして積み込む水のことです。

船舶に荷物を積まずに水に浮かべると、重心が高く横方向への傾きに対して非常に不安定で、転覆しやすい状態にあります。船舶が安全に航行または荷役を行うためには、船体を沈める深さやその姿勢を制御しなければなりません。船の安定する重心位置を維持させるために、バラストタンクと呼ばれる区画に水を注排出し、船の沈む深さを調整します。その水がバラスト水と呼ばれ、主に海水が利用されます。

国際海事機関（IMO）によれば、1年間に地球規模で移動するバラスト水は約120億トンだそうです。

● バラスト問題

貨物船が運ぶバラスト水の最大量は、総トン数の約半分といいます。10万総トンの貨物船であれば5万トンに達します。積出港周辺では、一隻の船から最大でこれだけの量のバラスト水が排出される可能性があります。この量のバラスト水が、生物分布拡散にどれほどの影響があるのか、定量的にはわかっていませんが、実際にバラスト水を介したと考えられる事例も報告されています。

例えば、1980年代、ヨーロッパの淡水に住むゼブラ貝が、五大湖を中心として爆発的に増殖し、発電所の冷却水を取り入れる管内に密集したために水がせき止められ、発電所の機能に障害を与えました。1959年のセントローレンス水路の開通以降、五大湖に外航船が訪れるようになったこ

船舶におけるバラスト水排出基準

対象生物		基準	備考
動物プランクトン		10個体/m³未満	外洋の1/100程度
植物プランクトン		10個体（細胞）/ml未満	
細菌	コレラ菌	1コロニー/100ml未満	海水浴場並み
	大腸菌	250コロニー/100ml未満	
	腸球菌	100コロニー/100ml未満	

バラストタンクの配置例

①タンカー　　　②撒積船

出所：海洋政策研究所ニュースレター（2007.2.20）

とが原因と考えられています。

　バラスト水を船内に取り込む際にはこし網を通しますが、小さなプランクトン、卵、細菌などは容易にタンク内に取り込まれます。これらの水生生物が積地においてバラスト水とともに排出され、環境が適していればそこで繁殖するといわれています。バラスト水に含まれる生物の種類は4,500種類以上といわれます。

　バラスト水問題とは、元々生息していた地域から離れた水生生物が、移動した先で増殖して人の健康や経済活動に影響を与えること、またその地

域の生態系を変化させることです。つまり、**バラスト水問題は、水そのものではなく、そこに取り込まれている水生生物の存在**なのです。

●バラスト水管理条約

船舶のバラスト水による、海洋環境に影響を及ぼす水生生物の越境移動を防止するために、国際海事機関（IMO）による「バラスト水及び沈殿物の管制及び管理のための国際条約（バラスト水管理条約）」が2004年に採択され、バラスト水管理条約発効条件である締約国30か国、商船船腹量合計35％以上が達成され、2017年9月8日に発効しました。日本は2014年に締結済です。

2024年までに、現存船も含めてすべての船舶がこの条約に対応する必要があります。総トン数400トン以上の条約適用船舶（就航船を含む。ただし、浮いているプラットフォーム、FSUs及びFPSOsを除く）は、国際バラスト水管理証書を所持する必要があります。

●海洋環境に影響を及ぼす生物

国際海事機関は、環境に顕著な影響を及ぼす生物として、ヒトデ、ゼブラ貝、ワカメ、カニ、ハゼ、赤潮プランクトン、モクズガニ、ミジンコ、クシクラゲ、コレラ菌の10種類を例として挙げています。

●バラスト問題の今後

バラスト水問題は、条約が発効したことおよびバラスト水処理装置が開発されたことで一段落ついたといえます。しかしながら、条約が採択されてから発行するまでに13年という長い時間を要しました。対象船舶は条約締結国であり、すべての船舶に適用されるわけではありません。また、この条約が完全に履行されるまでにまだ若干の時間があります。条約の効果の検証はこれからで、まだ見直しなどが必要かもしれません。その意味では、バラスト問題はまだ終わったとはいえないのではないでしょうか。

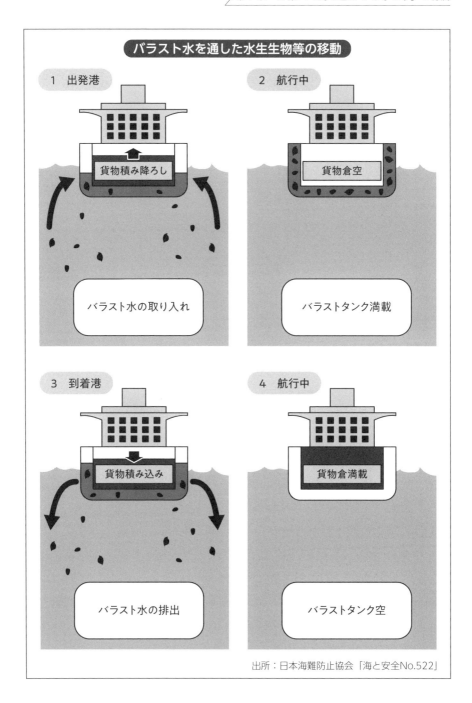

バラスト水を通した水生生物等の移動

1　出発港
貨物積み降ろし
バラスト水の取り入れ

2　航行中
貨物倉空
バラストタンク満載

3　到着港
貨物積み込み
バラスト水の排出

4　航行中
貨物倉満載
バラストタンク空

出所：日本海難防止協会「海と安全No.522」

4 船舶による海洋汚染
─船底塗料汚染

海洋汚染の原因のひとつに、船の塗料があります。船の船底部分に塗装された塗料は少しずつ海に溶け出します。その溶け出した塗料が海中に残留し、生物に悪影響を及ぼします。

ここでは、主として船底の塗料の環境への悪影響について説明します。

●船舶の塗装

商船などの大型船は、鉄（鋼）でできていますから、そのままにしておくと錆びて穴があいてしまいます。しかも、船は海水に浮いていますから、海水に触れている部分は陸上よりも急速に腐食が進み、繋留時には細菌、海藻やフジツボなどの貝が付きます。海中では、半年に150kg/m²の水生生物が付着するといわれています。

大型の原油タンカーだと、海中にある船体の表面積は40,000m²もあります。つまり、大型原油タンカーの船体には半年で6,000トンの生物が付着するということです。こうした生物が船体に付着すると船舶の航行速度を減少させ、燃料消費量が増加します。軽度の生物付着であっても、最大で50%増加するといわれています。

船体の錆や船底に藻や貝がつくことを防ぐために、塗料（ペイント）を塗ります。船体上部はいろいろな色が塗られているのに対して、下部は赤く塗られています。それは、塗装の役割が船の上部と下部で違うからです。上部の塗装は、主に錆の防止です。下部の塗装は、藻や貝の付着を防ぐことが目的だからです。船底の塗装が赤いのは、現在の多くの船舶が採用している塗料が亜酸化銅を使用しており、その粉末が赤褐色であるためです。

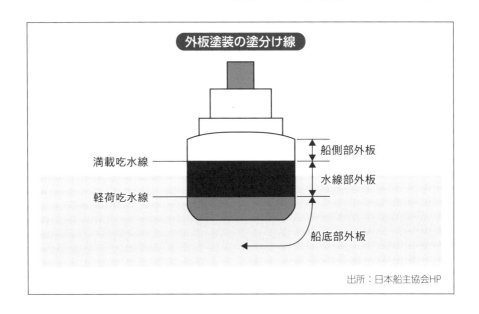

出所：日本船主協会HP

●船底塗料汚染とは

　船底に藻や貝の付着を防ぐために、化学物質を含む塗料を塗ります。これを防汚塗装といいます。防汚塗装は、有毒な防汚物質を徐々に海水に溶かすことで効果を持続させます。こうして溶け出した防汚物質が海中に残留し、海の生物に悪影響を与えることを船底塗料汚染といいます。

　船底塗料には長い歴史があります。古くは、紀元前の古代ギリシャやフェニキアの軍艦にはタールやワックスが塗られていました。古代ローマ時代には、船底外板を鉛板で覆うという方法がとられました。18世紀になって英国軍隊が船底に銅板を貼り付けました。この銅板を貼り付ける方法が長く続きました。

　そして、第2次世界大戦後に主流となったのが、亜酸化銅を主とした塗料です。1960年代にTBT（トリブチルスズ）などの有機スズ化合物による塗料が登場し、高い防汚効果があることから、たちまち市場を席巻しました。船底塗料の多くは少しずつ海中に溶け出しながら防汚効果を維持します。海中に溶け出した塗料は海水に拡散し、太陽光による分解、大気へ

の蒸発などにより完全分解すれば問題はないのですが、有機スズ化合物は分解することなく、海中に長期にわたり残留し、生物に悪影響を引き起こします。

　船底塗料による海洋汚染が注目されるようになったのは、有機スズ系の船底塗料による環境への汚染が認識されるようになったことが契機です。これまでの研究でTBTが海洋環境中に長期にわたり残留し、マリーナや港湾において濃度が高くなっていること、また、魚類や哺乳動物に濃縮されていることが明らかになっています。

　フランスや英国において、TBTの生物への蓄積が報告がされています。フランスのアルカション湾ではカキに1億5,000万米ドルもの大きな被害をもたらしたといわれています。

　船底塗料汚染問題は、有機スズ化合物による船底塗料の海洋環境汚染問題といえるかもしれません。もちろん、先進国では現在、TBTの船底塗料への利用は禁じられています。

○AFS条約

　日本は、1992年から国内造船所でのTBT塗料の使用を自粛し、1997年からは国内塗料工場での製造中止等の自主規制を推進してきました。

　2001年10月5日、国際海事機関（IMO）において、TBT等を含む有機スズ系船底防汚塗料の新たな塗布を禁止する新条約が採択され、2008年9月17日に発効しました。この条約が「船舶の有害な防汚方法の規制に関する国際条約（AFS条約；International Convention on the Control of Harmful Anti-Fouling Systems on ship）」です。AFS条約の発効により、船底塗料への有機スズ化合物の使用が全面的に禁止されることになりました。

○船底塗料には経済性と環境評価の両立が必要

　現在の船底塗料には、環境汚染となる成分は含まれていません。しかしながら、船底塗料の成分が溶け出すことによって船底への藻や貝の付着を

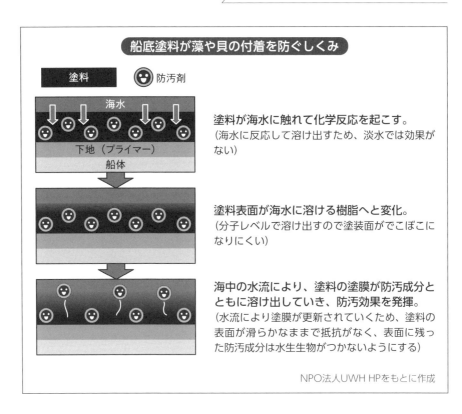

船底塗料が藻や貝の付着を防ぐしくみ

塗料　　　😊防汚剤

海水

下地（プライマー）

船体

塗料が海水に触れて化学反応を起こす。
（海水に反応して溶け出すため、淡水では効果が
ない）

塗料表面が海水に溶ける樹脂へと変化。
（分子レベルで溶け出すので塗装面ででこぼこに
なりにくい）

海中の水流により、塗料の塗膜が防汚成分と
ともに溶け出していき、防汚効果を発揮。
（水流により塗膜が更新されていくため、塗料の
表面が滑らかなままで抵抗がなく、表面に残っ
た防汚成分は水生生物がつかないようにする）

NPO法人UWH HPをもとに作成

防ぐという性質に、変わりはありません。引き続き、より防汚性能の高い
塗料の開発が望まれると同時に、その環境への影響評価手法の確立も必要
といえます。

海洋環境保護と開発の両立に挑むエキスパートたち

5 海洋環境保護と開発の両立

○海洋開発と環境保護

　東京湾アクアラインや関西空港など、海上施設が多くあります。これらに加えて、近年は「カーボンニュートラル」を目指すことから、再生エネルギーとしての洋上風力発電に注目が集まっています。日本全国で、洋上風車建設のための準備が進んでいます。

　海上構築物を建設するためには、海中での工事が必要です。しかし、海中工事は自然を破壊し、海の中の生態系に悪影響を与えるのではないかと多くの人が考えるのではないでしょうか。

　周囲を海に囲まれている日本にとって、海洋インフラの開発は必要なことです。例えば、削減が求められているCO_2を液化して海底に埋める計画、海底からメタンハイドレートを取り出す研究などが進められています。洋上風力発電をはじめ、今後とも海洋開発はますます増えるでしょう。

　一方で、海洋環境の保護も必要です。海洋開発と海洋保護という、トレードオフの関係にある2つのことを両立することはできないのでしょうか。

　この海洋開発と海洋環境保護の両立という難題に取り組んでいる企業があります。渋谷正信社長率いる渋谷潜水工業です。

○渋谷潜水工業の取り組み

　渋谷潜水工業は、神奈川県平塚市に本社を置く従業員56名の会社です。創業者の渋谷正信氏が趣味で始めたダイビングから職業潜水士へ転身し、1980年に会社を設立しました。海洋工事から海難救助・サルベージから保守メンテナンス、研究開発、コンサルタントや、プロダイバーの育成まで手掛ける企業です。

渋谷潜水工業の実施した藻場の調査・再生場所

画像提供：渋谷潜水工業

　これまでの海中工事は、人間の利益を第一に、技術・知識を駆使して地球・海の環境に手をつけてきました。その結果は、海洋環境の破壊、生物の絶滅、もしくは減少を引き起こして生態系のバランスを崩し、私たちの生活にまで影響が出るに至っています。

　渋谷潜水工業の理念は、「海の破壊者ではなく海の救世主になる」ことです。その転機となったのは、東京湾アクアライン「風の塔」の海中工事への参加だったといいます。渋谷社長は、水中での工事中に構築物のまわ

りにクロダイの群れが泳いでいることに気が付いたのです。構築物に生物が棲みつくかもしれないと考え、工事が完了するまでの8年間、「まわりにどんな魚がいるか」を調査しました。その結果、海の生態系を壊すといわれていた水中の人工構築物が、逆に漁礁化して海を豊かにする可能性があることを知ったのです。

　水中の人工構築物に、必ず魚が棲みつくというものではありません。魚が棲みつくかどうかは構造物の設計によって決まります。渋谷潜水工業のような水中工事を担当する会社が設計に携わることはできないため、自主的に調査を行い、その結果を発表、あるいは提案しました。同社が独自に調査した海藻・海洋環境は全国で50か所に上ります。

　渋谷社長の提案が受け入れられた例が、羽田空港D滑走路工事です。当初の計画では、漁業に悪影響を及ぼすことが予想されましたが、渋谷社長の提案による計画変更で、多摩川河口域の環境負荷が大きく軽減されました。「その海域に即した形状、素材、配置で人工構築物を設置すれば、構築物に藻が生え、生き物は集まってきます。海洋開発と生態系の再生を同時に達成することは可能です」と渋谷社長はいいます。

○藻場の再生事業

　渋谷潜水工業が取り組んでいる事業のひとつが、「海の森づくり」と呼んでいる藻場の再生事業です。藻場とは海藻が生い茂る場所のことです。藻場がなければ植物プランクトンが発生せず、食物連鎖も起きません。海の豊かさは藻場がどれだけ発達しているかに左右されるのですが、近年は地球温暖化の影響により、各地で「磯焼け」という現象が発生し、藻場が消滅して沿岸漁業に被害を与えています。

　同社は、各地の漁協や自治体からの依頼を受けて、藻場の再生に取り組んでいます。これまで同社が手掛けた再生プロジェクトは、全国で70件近くになります。林業と同じで、海の自然を維持するためには、人が適切に手を入れ続ける必要があるのです。

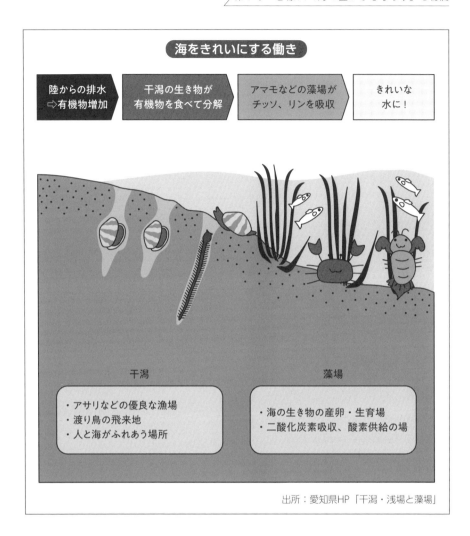

海をきれいにする働き

陸からの排水
⇨有機物増加　→　干潟の生き物が
有機物を食べて分解　→　アマモなどの藻場が
チッソ、リンを吸収　→　きれいな
水に！

干潟

・アサリなどの優良な漁場
・渡り鳥の飛来地
・人と海がふれあう場所

藻場

・海の生き物の産卵・生育場
・二酸化炭素吸収、酸素供給の場

出所：愛知県HP「干潟・浅場と藻場」

浮体式洋上風力発電の海洋環境への影響

　2013年、環境省による浮体式洋上風力発電実証事業において、戸田建設株式会社を代表とする受託者グループは、長崎県五島市椛島沖に日本初の浮体式洋上風力発電施設「はえんかぜ」を設置しました。このプロジェクトにおいて、渋谷潜水工業は漁業との共生・協調するための調査や水中

工事を担ってきました。渋谷社長は、それまで洋上風力発電で先行する欧州を視察し、情報を集めていました。すでに長崎県とは潮流発電のプロジェクトも立ち上がるなど、多くの実績が評価されたといえます。実証事業により、浮体式洋上風力発電施設「はえんかぜ」は、安全で環境への影響が小さく、生物多様性に貢献する発電施設であることが確認されました。魚への悪影響はなく、小魚を捕食する魚種や伊勢海老などの甲殻類が確認され、地元の漁業者より漁業への活用を期待する声があがっています。

　実証事業終了後は、五島市再生可能エネルギー基本構想のもと、浮体式洋上風力発電の普及促進を目指し、五島市と、戸田建設の100％子会社である五島フローティングウィンドパワー合同会社が共同で、「崎山沖2MW浮体式洋上風力発電所『はえんかぜ』」として民間事業による実用化を実現し、現在も運転を継続しています。海洋開発と生態系の再生を見事に両立させた例といえるでしょう。

●海洋環境保護と物流業

　SDGsの目標達成への貢献は、本来の事業そのものでの貢献が望ましい形です。渋谷潜水工業は、まさに本業において貢献している例といえます。

　では、物流という視点から考えてみましょう。再生可能エネルギーを増やすという政府の方針もあり、また海岸線の長い日本の地形から、今後、洋上風力発電事業はますます増えるでしょう。洋上風力発電施設の設置や維持管理のための建設工事や資材輸送に、船舶やトラックの需要の増加が見込まれます。特殊な機材も多く、高度な輸送ノウハウも求められるでしょう。物流事業者の出番も少なくないでしょう。

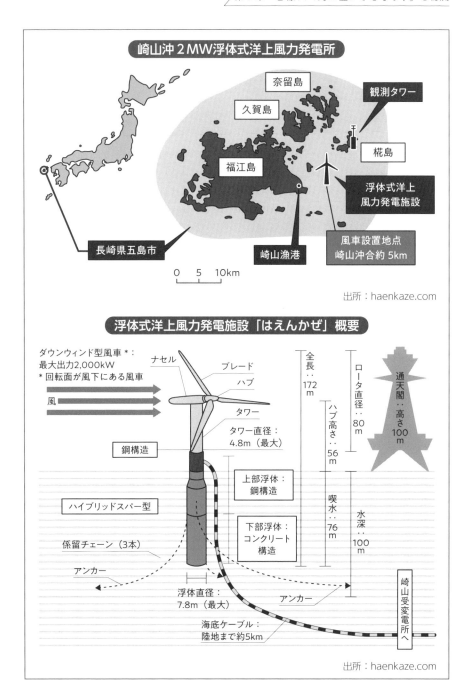

崎山沖 2 MW浮体式洋上風力発電所

奈留島

観測タワー

久賀島

椛島

福江島

浮体式洋上
風力発電施設

長崎県五島市

崎山漁港

風車設置地点
崎山沖合約 5km

0　5　10km

出所：haenkaze.com

浮体式洋上風力発電施設「はえんかぜ」概要

ダウンウィンド型風車＊：
最大出力2,000kW
＊ 回転面が風下にある風車

風

ナセル

ブレード

ハブ

タワー

タワー直径：
4.8m（最大）

鋼構造

上部浮体：
鋼構造

下部浮体：
コンクリート
構造

ハイブリッドスパー型

係留チェーン（3本）

アンカー

アンカー

浮体直径：
7.8m（最大）

海底ケーブル：
陸地まで約5km

全長：
172
m

ロータ直径：
80
m

ハブ高さ：
56
m

喫水：
76
m

水深：
100
m

通天閣：高さ100m

崎山受変電所へ

出所：haenkaze.com

6 海の豊かさ保護のために できること

　海洋汚染と最も関係の深いのは海運業界です。海運業界は、船舶事故による油流出はもちろん、バラスト水問題や船底塗装による汚染の問題などに積極的に取り組んでいます。

　海洋汚染のもうひとつの問題は、プラスチックごみを主とした海洋ごみの問題です。これは、どちらかというと個人で取り組むべきものですが、ここでは、プラスチックごみを削減するために企業として何ができるかを考えてみます。

●プラスチックごみを減らすための行動

　プラスチックごみを減らすための行動の多くは、個人に求められるものです。企業としても、事業所から出るごみの分別やプラスチックごみの削減などの取り組みがありますが、多くは個人の行動として求められるものです。そこで企業としては、プラスチックごみを減らすための個人の行動をサポートするという貢献ができると思います。

　いくつか例を挙げてみます。

・社員にマイボトルを配布する
・マイバッグを社員に配布する
・職場単位で、海岸や河川敷の清掃活動に参加する
・社内のカフェや食堂でプラスチック製品を使用しない
・企業のロゴ入りの宣伝品などにプラスチック原料のものを使用しない
・社員の意識改革（SDGs講習の開催、社内のSDGs取り組みのためのプロジェクトチームの結成）
・社員のSDGs取り組みへの報償制度の創設

プラスチックごみを減らすための行動

- ☑ マイバッグを持参し、レジ袋はもらわない
- ☑ マイボトルを持ち歩き、プラスチックのカップを減らす
- ☑ マイ箸を持ち歩き、プラスチックのスプーンやフォークを減らす
- ☑ プラスチック製のストローの使用を控える
- ☑ スーパーなどで食品を小分けにするポリ袋の使用を減らす
- ☑ 詰め替え用ボトルなど繰り返し使えるものを選ぶ
- ☑ 食品の保存はふた付き容器を使い、ラップの使用を減らす
- ☑ 買い物の時には簡易包装にする
- ☑ 海・川・山のレジャーではごみを持ち帰る
- ☑ 屋外で出たごみは家に持ち帰って処分する
- ☑ 河川敷や海岸の清掃活動に参加する
- ☑ ごみは所定の場所・時間に、分別して出す
- ☑ ごみのポイ捨て、不法投棄はしない

ひとつでも、できることから始めることが大切です。

何より大切なことは、**経営者がSDGsに積極的に取り組む姿勢を、社員に対して明確に示すこと**です。

次に、社員の意識改革への取り組みです。社員一人ひとりにSDGsの重要性を認識してもらい、積極的に取り組んでもらうようにすることです。社員の意識が変わらないままに、無理にこうした取り組みを始めようとすると、かえって反発を招くなどマイナスに働くこともあるので注意が必要です。

コラム9 とくし丸

　近江商人の経営理念に「売り手によし、買い手によし、世間によし」を示す「三方よし」という言葉があります。現代風のいい方をするならば、「すべてのステークホルダーがWin-Winの関係」ということができます。それを実践しているのが、2012年、徳島県で産声を上げた移動販売スーパーの「株式会社とくし丸」です。

　とくし丸は、高齢者で交通弱者といわれる方々、いわゆる「買い物難民」を対象として、小型トラック2台からスタートしました。10年後には日本全国に広がり、すでに1,000台近くまで拡大しています。創業者の住友達也氏は、「事業の継続と消費者と事業者のすべての人にとって意味がある」ことが重要であるとの考えの下、独自のビジネスモデルを作り上げています。とくし丸の利用者にとっては、もはやその地域の社会インフラといっても差し支えないものになっているようです。

　とくし丸はSDGs目標実現を目的にしたものではありませんが、結果として大きくSDGsの実現に貢献しています。とくし丸とスーパーや販売パートナーとのパートナーシップが重要という意味では、SDGsの目標17（パートナーシップ）、目標12（持続可能な生産消費形態の確保）、目標3（あらゆる年齢の人々の健康的な生活の確保）などの実現に貢献するビジネスモデルです。

　販売パートナーといわれる事業者はフランチャイズ形態です。

　地元の雇用増、定期的に訪問することで地域の安全確保など多くの面で貢献しています。スーパー、販売パートナー、とくし丸、消費者（利用者）、自治体などすべての関係者にとってWin-Winの関係を作っているという意味では、「三方よし」以上の「五方よし」かもしれません。

第10章

目標15「陸の豊かさを守ろう」と物流

目標15は、「陸域生態系の保護、回復、持続可能な利用の推進、持続可能な森林の経営、砂漠化への対処、ならびに土地の劣化の阻止・回復及び生物多様性の損失を阻止する」とあるように、主として損失が進む森林などの豊かな土地、生態系の保全が目的です。

世界で消費される紙の量は、毎日100万トン以上です。その約90％が「木」を原料としています。日本では1人あたり年に200kgの紙を使用しています。紙の消費量は増加しており、木の再生が追いついていません。世界では毎年、日本の面積の約4分の1にあたる広さの森が失われています。森林を守り陸の生態系を守るには、紙の使用量を減らすことも重要ですが、森林を適切に管理し、そこから伐り出された木材を原料とした紙を使うことも大切です。

本章では、物流分野における紙使用や、その削減への取り組みについて取り上げます。

1 森林保護と森林認証制度

○森林を守るために

　森林を守ることは、"木を切らない"ことではありません。森林は、正しく適切に管理し、そこに住む動植物も守り、維持していけば、再生し、決してなくならないものです。管理、育成された人工林が大切なのです。国産木材や間伐材を使用することで、土砂災害など自然災害の原因になる放置林を減らすことできます。国産木材や間伐材を使うことが、森林保護・森林保全につながります。

　ただし、使用する木材が、持続可能に管理された森林から伐採されたものであることが前提となります。違法伐採された木材製品を購入・使用しないことが森林保護・森林保全につながるのです。

　それでは、使用する木材が管理された森林から伐採されたものであるかどうかをどうやって区別すればいいのかというと、違法伐採かどうかを見分ける方法として「森林認証」があります。ここでは、森林認証について触れておきましょう。

○森林認証制度

　木材が、持続可能に管理された森林から伐採されたものであることを証明する仕組みが「森林認証」です。製品が消費者に届くまで、原材料の認証情報（出処など）を追跡することにより、認証の連鎖を明らかにして、商品にロゴが付けられます。

　森林認証制度には、「森林が責任をもって管理されているかどうか」を審査・認証するFM（Forest Management：森林管理認証）と「認証木材から集積された認証材が消費者の手に届くまでの加工・流通過程」を認証

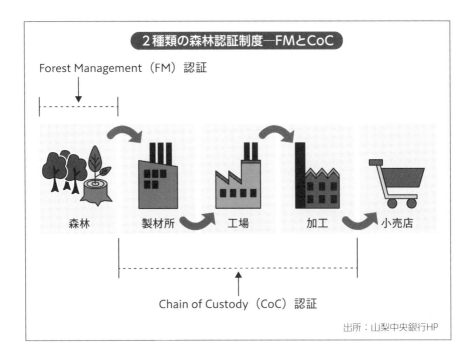

2種類の森林認証制度―FMとCoC

Forest Management（FM）認証

森林　製材所　工場　加工　小売店

Chain of Custody（CoC）認証

出所：山梨中央銀行HP

するCoC（Chain of Custody：生産物の加工・流通管理認証）の2つがあ
ります。FMは林業関係者のためのもので、CoCは加工・流通業者のため
の認証です。

○FSC®（Forest Stewardship Council®）

Forest Stewardship Council®（FSC®）は、環境保全の点からみて適切で、
社会的な利益にかない、経済的にも継続可能な森林管理を世界に広めるた
めの国際的な非政府組織です。環境や動植物を守り、森林に依存する人々
や林業従事者の人権を尊重し、適切に管理された森林の樹木や適切だと認
められたリサイクル資源で作られた紙・木材製品につけられるのがFSC®
ラベルです。

○PEFC（Programme for the Endorsement of Forest Certification Schemes）

PEFCは1999年に発足し、欧州地域の「汎欧州森林認証制度」（Pan European Forest Certification Schemes）としてスタートしました。その後、2003年にヨーロッパ以外の諸国が加わり国際化したため、「森林認証制度相互承認プログラム」（PEFC）と改称し、世界各国の認証制度との相互承認を行う国際認証組織として活動を始めました。

55の国が加盟、PEFC承認は48制度、CoC認証の発行は75か国、1万2,526件（2022年12月）となっています。

○SGEC（Sustainable Green Ecosystem Council：緑の循環認証会議）

2003年、国内の林業団体・環境NGOなどにより発足した、日本独自の森林認証を行う機関です。人工林の比率が高く、零細・小規模所有者が多いといった日本の実情に即した森林および林産物の認証を行っています。また、2014年にはPEFCに加盟、2016年には相互承認し、日本における業務の一部を代行しています。

○森林認証を受けた木材の使用が森林保護に貢献

ビジネスでは、多くの紙が使用されます。紙の使用量を減らすことも大切ですが、森林保護・森林保全には、適切に管理された森林から伐採された木材を使うことも大事です。木造住宅など建築物や家具など木材製品、木材を原料とするコピー用紙、包装紙、名刺やノベルティグッズなどの紙を使用するにあたっては、FSC®やPEFC、SGECなどの森林認証を取得した木材から作ったものを使用することで、SDGsの目標に貢献することができます。

3つの森林認証制度

PEFC/31-01-01

SGEC/31-01-01

画像提供：FSCジャパン、SGEC/PEFCジャパン

		FSC®	PEFC	SGEC
			2016年6月に相互承認	
設立年		1994年	1999年	2003年
概要		世界共通の原則・制度に基づいた国際的な森林認証制度	各国の森林認証制度を相互承認していく認証プログラム	日本の森林を対象とした制度
適用地域	FM	全世界	森林認証基準が作成されている国や地域の森林	日本のみ
	CoC	全世界	全世界	日本のみ
件数（認証面積）	FM	世界：1,640件（195,269,943ha）日本国内：33件（416,361ha） ※グループ単位の認証件数は含まない	世界：件数不明（288,154,245ha） ※グループ単位の認証件数を含む	日本国内：125件（2,205,947ha）
	CoC	世界：54,060件 日本国内：2,060件 ※マルチサイト単位、生産者グループ単位の認証件数は含まない	世界：12,526件（2022年12月） ※マルチサイト単位、生産者グループ単位の認証件数を含む	日本国内：492件

※認証件数、面積は、FSC®：2023年4月、PEFC：2022年12月、SGEC：2023年3月時点

出所：FSCジャパン、SGEC/PEFCジャパン

2 紙の使用量削減と森林保護（ペーパーレス化）

　世界の森林面積は40.6億ヘクタールあり、陸地面積の3分の1にあたります。地球全体の8％程度でしょうか。

　国連食糧農業機関（FAO）によれば、直近の10年間で、年平均470万ヘクタールの森林が失われているといいます。森林が破壊されるとCO_2が増え、地球温暖化の原因となります。海面が上昇し、海抜の低い地域は海に沈むことになります。サンゴ礁の国ツバルが海に沈む危機にあるというニュースをみた人も多いのではないでしょうか。森林で生息する生態系に影響を与えるだけでなく、私たちの生活にも影響します。私たちの生活を守り、生態系を維持するために、森林保護・森林保全は重要です。

　森林の木は、紙、建築や家具・生活用品の原料になります。それでは、紙の使用を削減すれば、森林を保護しCO_2を減らし、地球環境を守ることになるのでしょうか。身近な例では、オフィスや家庭のペーパーレス化は、森林保護のために正しい選択なのでしょうか。

　答えは「Yes」であり「No」でもあります。ここでは、ペーパーレス化について森林保護・森林保全の観点からみてゆきます。

●紙の原料としての木材

　日本の木材需要は7,581万m^3です。そのうちの3,143万m^3（41.5％）が製紙原料として使用されています。これは、製紙全体の36％にあたります。残りの64％は、リサイクルされた古紙が利用されているのです。

　また、製紙に利用される木材のほとんどが外国から輸入されたパルプ、木材チップです。

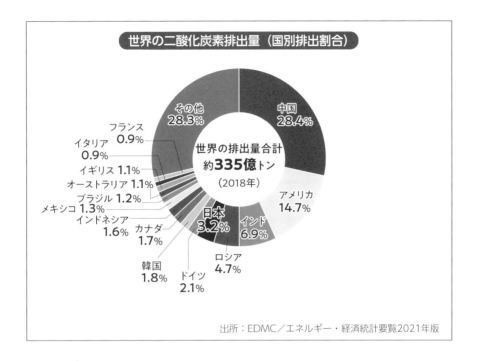

世界の二酸化炭素排出量（国別排出割合）

世界の排出量合計
約**335億**トン
（2018年）

その他
28.3%

中国
28.4%

フランス
0.9%

イタリア
0.9%

イギリス 1.1%

オーストラリア 1.1%

ブラジル 1.2%

メキシコ 1.3%

インドネシア
1.6%

カナダ
1.7%

韓国
1.8%

ドイツ
2.1%

日本
3.2%

インド
6.9%

ロシア
4.7%

アメリカ
14.7%

出所：EDMC／エネルギー・経済統計要覧2021年版

●バージン由来の紙と古紙使用の再生紙

　紙は、その原料によって大きく2種類に分けられます。森林資源を使って作る紙（バージンパルプ由来の紙）と、リサイクルのために回収された古紙を使って作る紙（再生紙）です。

　バージンパルプ由来の紙は、森林を伐採し、伐採した木材をチップにしてパルプを作ります。したがって、バージンパルプ由来の紙を減らすことが森林保護に役立つことは、容易に想像できます。

●紙の使用量削減は森林保護、地球温暖化に役立つか？

　再生紙を使うのであれば、使用量削減をする必要はないのでしょうか。実は、古紙からパルプを作る過程で、印刷されたインクを落とすために漂白しますが、その際に化石燃料を使います。また、古紙配合率100％の再生紙を除き、一定割合のバージンパルプが使用されます。古紙の再生も3

～5回が限度といわれ、その使用には限界があります。したがって、古紙だから無条件にいくら使ってもいいというものではありません。つまり、紙の使用量の削減は、森林保護、CO_2削減、そして地球温暖化防止に役立つといえます。

○天然林と人工林

森林には、人の手が加わっていない天然林と、人の手で育て、管理されている人工林があります。京都議定書でCO_2を吸収したと認められるのは、人工林だけです。

人工林は、植栽（植林）から収穫（伐採）まで、下草刈り、間伐、枝打ち等の管理をしながら育てます。間伐などの手入れ（育成作業）を行っていることから、育成林とも呼ばれます。日本は、国土の7割近くが森林で、フィンランドに次ぐ世界第2位の森林大国です。日本の森林に占める人工林は約4割、自然林は約5割、残りは竹林などです。

人が管理し、手入れをして育てることでできた森林が、人工林です。そこで育った木を伐り、活用することが大切です。伐った後には植林をしてまた育てるという循環が何より重要です。そうです、その循環には、「木を伐る」「伐った木を使う」ことも含まれているのです。単に、森林に手を付けないということが森林保護ではありません。**木材を使わないのではなく、適切に使用することが大切**なのです。

○ペーパーレス化は必要か不要か？

まったく紙を使用しないということは、現代社会では不可能です。そういう意味では、少しでも紙の使用を減らし、紙を使用する場合は適切に管理された森林から算出された木材を原料にした紙を使うことが、森林保護につながります。

紙は、オフィスで利用する事務用の他、段ボールや包装紙など多くの用途に使われますが、ここでは、オフィスのペーパーレス化についてみてみ

CO₂ 1トンはどのくらい？

杉の木約71本が1年間に
吸収するCO₂量に相当

家族4人で東京−長崎を往復した時の
排出量に相当

CO₂排出1キロはどのくらい？

自動車で3.6km走った時の
CO₂排出量と同じくらい
※自動車燃費を8.33km/lとして計算

4人家族が使用する水道約5日分
（1人あたり233l/日として計算）

出所：ウェイストボックスHP

ましょう。1トンのパルプを木材から作り、そこから「紙」を作るとすると、紙1トン（＝パルプ約1トン）を作るには、直径14cm×長さ8mの立木約30本が必要とされます。つまり、立ち木1本から33kgの紙ができるということです。A4用紙1枚を4グラムとすると、8,250枚になります。ちなみに、杉の木は1本で年間14kgのCO₂を吸収します。杉の木71本で年間約1トンのCO₂を吸収することができます。

　人間の排出するCO₂排出量は年間335億トンです。そのうち日本は10.8億トンのCO₂を排出しています。その多くが経済活動から発生しています。その意味では、ペーパーレス化によってCO₂を吸収してくれる森林を保護することは大切です。

　注意したいのは、ペーパーレス化のために電子機器を過度に使用することで、より多くの電力を使うことになれば、その分、相殺して考える必要があります。マイナス面を含めて常に全体をみることが大切です。

3 非木材原料紙の活用

木材を使用しない紙で森林保護に貢献

森林保護の観点からペーパーレス化を進めて紙の使用を削減することは大切ですが、限界があります。現代社会で紙を完全になくすことはできません。そこで、FSC®やPEFC、SGECの認証を受けた紙や古紙（再生紙）を利用することで、少しでも環境への負担を少なくすることが大切です。もうひとつは、木材を原料としない紙の使用です。木材を原料としなければ、森林破壊には至りません。

木材を原料としない紙をいくつか紹介します。植物繊維などを使って作られた紙を非木材紙といいますが、ここでは、それ以外のものを原料として作られた紙を含めた概念として、非木材原料紙といういい方で区別します。こうした、木材を原料としない紙を積極的に利用することで、SDGs目標15（陸の豊かさを守る）に貢献できます。

○非木材紙

非木材紙とは、針葉樹・広葉樹といった木材以外の植物や繊維（パルプ）を原料として作られる紙のことです。パルプは、木材や植物の繊維を機械的、化学的処理によりばらばらにしたものです。紙、繊維などを作るのに用いられます。非木材パルプの原料としては、主にケナフ・バガス（サトウキビの絞りカス）・竹・コットン・藁などが挙げられます。

○ストーンペーパー

その名前の示す通り、石からできた紙です。主原料は石灰石です。原料に木を一切使っていないのはもちろんですが、製造時に水を一切使わないこと、そして燃焼時のCO_2排出量は、木材原料使用の紙に比べて半分であ

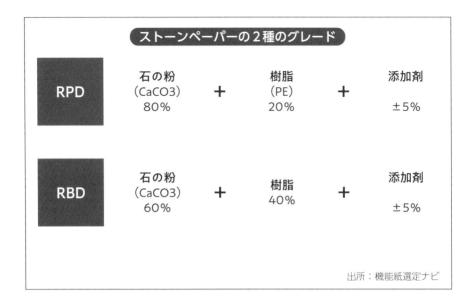

出所：機能紙選定ナビ

るなど環境にやさしい紙です。ちなみに、木材を原料とする紙１トンを作るには、水100トンが必要です。

　水に強いなど紙とプラスチックのいいところを持つという特性があり、新素材として注目されています。

　ストーンペーパーは、「石灰石由来の炭酸カルシウム（CaCO3）＋高密度ポリエチレン（HDPE）＋添加物」で組成されており、その割合によってRPDとRBDの２つのグレードに分けられます。

　RPDは、マット調の仕上がりになります。主な用途は、手提げ袋、イベント案内、地図、会社案内、名刺、コースター、ゴルフスコアカードなどです。

　RBDは、グロス調の仕上がりとなり、用途としては手提げ袋、ファイル、パッケージ、ホビークラフト、冷蔵庫用商品タグなどが挙げられます。

　ストーンペーパーは、スターバックス、ウォルマート、ウォルトディズニー、NIKE、アップルなど、多くの世界的企業に採用されています。

●ライメックス（LIMEX）

　ストーンペーパーと同じく、石灰石を主成分として生まれた商品にライメックスがあります。ストーンペーパーが台湾の台湾龍盟科技股有限公司によって開発製造された「紙の代替」であるのに対して、ライメックスは、日本の企業である株式会社TBMにより「紙とプラスチックの代替」として開発されました。印刷物はもちろんですが、そのほか食事容器やボールペンなど用途が広いのが特徴です。

●バナナペーパー

　「バナナペーパー」は、アフリカのザンビアで生産されたオーガニックバナナの茎の繊維に、古紙または森林認証パルプを加えて作られたエシカルな紙です。今までは廃棄されるだけだった、オーガニックバナナの茎から取った「バナナ繊維」を原料としています。ザンビアで新たな雇用を生み出しており、途上国の貧困問題と、環境問題の解決に大きく貢献しています。

　ブランド名を「ワンプラネット・ペーパー」といい、2016年に日本で紙では初めてフェアトレード認証を受けています。バナナペーパーを使った名刺、封筒、賞状など多くの商品が販売されています（148ページ参照）。

ストーンペーパーと一般的な紙との比較

環境面	機能面
・原料に、木を一切使わない（木材パルプ） ・製造時に、水を一切使わない ・燃焼時のCO_2排出が少ない ・リサイクル可能（ただし、メーカーへの回収が前提、現状は可燃ごみ）	・水に強い ・破れにくい ・筆記適性がある ※ただし、高温に弱く（上限約110℃）コピー用紙としての使用は不可で、またインクジェットプリンター、接着剤は機種、銘柄を選ぶ必要あり

ストーンペーパーと一般的なプラスチックとの比較

環境面	機能面
・プラスチックの使用量が少ない ・焼却時のCO_2排出量が少ない ・紫外線で分解されやすい ・リサイクル可能（ただし、メーカーへの回収が前提、現状は可燃ごみ）	・プラスチック同様、水に強い ・一般的なプラスチックよりも柔らかい ・筆記適性がある ※ただし、高温に弱く（上限約110℃）コピー用紙としての使用は不可で、またインクジェットプリンター、接着剤は機種、銘柄を選ぶ必要あり

4 レンゴーの
　環境対応への取り組み

　段ボールや包装材でお馴染みの株式会社レンゴーは、物流になくてはならない存在です。その製品の多くが紙です。森林保護など陸の生態系に大きな影響を及ぼすことから、SDGsが注目される以前から、調達、生産から物流まで、あらゆる面で環境保護に積極的に取り組んでいます。ここでは、その一部を取り上げます。

○調達

　レンゴーの主要製品である板紙の原料に占める古紙の割合（古紙利用率）は98％で、2％が森林資源からの木材パルプです。使用する木材パルプは全量、2016年に第三者機関であるFSC®認証を取得しています。

　違法伐採された木材原料（チップ）を使用していないサプライヤーから調達する仕組みも確立しています。2017年に施行されたクリーンウッド法（「合法伐採木材等の流通及び利用の促進に関する法律」）に登録し、木材関連事業者にもなっています。また、違法に伐採された木材や木材製品を調達するリスクを最小化するために、合法証明デューディリジェンス（DD）システムマニュアルを作成しています。
※FSC®認証とは、適切に管理された森林や、その森林から切り出された木材の適切な加工・流通を評価し、認証証明する国際的な認証制度。

○生産

　生産工場では、太陽光発電やバイオマス燃料の使用による化石燃料の削減、また、生産時に多くの水を使用することから、水の再利用により節減を図っています。

ダンボール

段ボールリサイクルマークは、国際段ボール協会が定めた国際的なリサイクルマーク。「リサイクル可能な段ボールであること」を示すもの。

画像提供：段ボールリサイクル協議会

●製品

段ボールの軽量化やセルロースなど、環境にやさしい製品を供給しています。

●物流

物流においても積極的に環境対応を行っています。例えば、九州方面への輸送では関光汽船(株)との共同により、従来に比べ、輸送ルートの9割を海上輸送に切り替え、このルートにおけるCO_2排出量を約60％削減しています。このことで、「平成29年度エコシップ・モーダルシフト事業優良事業者表彰」において、国土交通省海事局長表彰を受賞しています。

●リサイクル

段ボールは何度でもリサイクルできます。同社の段ボール工場では、生産工程で発生する段ボールの端材を、製紙工場から段ボール原紙を運んだトラックの帰り便で持ち帰り、製紙原料として100％リサイクルしています。

5 アート引越センターの 資源ごみ削減への取り組み

SDGs目標15「陸域生態系の保護」への貢献を中心に、その事業において資源ごみの削減などへの取り組みの例として、アート引越センターを取り上げます。

同社は、アート引越センターによる引っ越し事業を中心に、8社のグループ全体でSDGsに取り組んでいますが、ここでは資源ごみ削減への取り組みにフォーカスします。

⚫「エコ楽ボックス」

引っ越しの際に使用されるのが段ボール箱ですが、同社は、梱包の際に紙資源を使わずに梱包できるボックスを開発し、使用しています。これはリユースを前提に作られており、折り畳み可能な構造で、使わない時には省スペースで収納できます。食器専用、靴専用、薄型テレビ専用、ハンガーの衣類専用、照明専用など様々なタイプがあります。

⚫エコバッグの配布

アートグループ各社では、従業員にエコバッグを配布しています。買い物時だけでなく、普段からエコバッグを携帯、利用することを啓蒙しています。社員一人ひとりが意識を持って行動し、レジ袋を使用しないことで、積極的に地球環境に配慮した活動に取り組むことを目的とし、プラスチックの削減への貢献を目指しています。

⚫ペーパーレス化

訪問時の引っ越しの見積りに際して、従来の複写式だった手書きの見積

アート引越センターのエコ楽ボックス

画像提供：アート引越センター

書に代えて、自社開発の見積システムを搭載したタブレットを採用、電子化しました。これにより紙資源の削減、ならびに煩雑であった仕事の効率化も実現しています。

　積極的なデジタル化によるペーパーレス化で、業務の効率化が図られ、労働環境の改善にもつながっています。

6 事業所における 紙ごみ削減の方法

　事業所・オフィスで使用される紙は、OA用紙の他に新聞、雑誌、段ボールなど多くの紙製品があり、ごみとして捨てられます。

　森林保護、森林保全、そして地球の温暖化防止の観点から、紙の使用量を減らすことが大切です。しかし、紙の使用をゼロにすることは不可能ですから、別の項で触れた通り、FSC®やPEFC、SGECの認証を受けた紙や古紙（再生紙）を利用することが必要です。

　ここでは、事業所における紙ごみの削減の方法について考えてみます。

●紙ごみの削減方法──4R

　紙ごみを減らすためには、使用する紙の量を削減することです。その方法として、4つの「R」で説明します。それは、「Refuse」「Reduce」「Reuse」「Recycle」の4つです。

●Refuse　発生源でごみを断つ

　在庫管理を徹底し、ムダなものを購入しない、過剰包装を控えることなどが考えられます。

●Reduce　ごみとなるものの減量

　ペーパーレス化によるOA用紙の削減や、文具等は詰め替えの利くものを使用するなどです。ペーパーレス化は、電子メールや社内ネットワークシステムなどを使うことで紙の使用を削減できます。

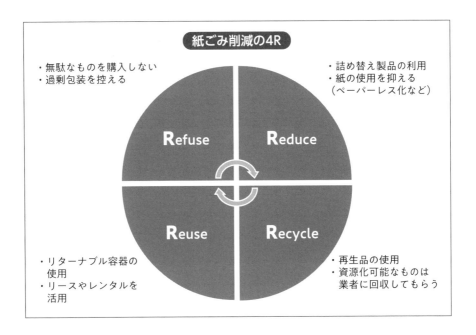

Reuse　繰り返し使う

配送には、繰り返し使えるリターナブル容器の使用、あるいはリースやレンタルの利用も有効な手段です。

Recycle　資源として再利用する

資源として再利用可能なものは、分別して資源回収業者に回収してもらいましょう。また、事業所内で使用するものは、紙だけでなく、できるだけ環境に配慮した再生品を利用することも大切です。名刺や社内印刷物に使用する紙は、再生紙を利用することを心掛けましょう。

ごみ減量の意味

ごみの減量、資源化への取り組みによって、SDGsへの貢献と、その結果として企業イメージが向上するといったことだけではなく、事業所のコスト削減というメリットもあります。

コラム10 CO_2を貯留・再利用する技術CCS/CCUS

　改正地球温暖化対策推進法（2022年4月施行）には、「2050年までのカーボンニュートラルの実現」が基本理念として明記されています。ここでいう「カーボンニュートラル」は、「排出を全体としてゼロ」にするという意味ですが、排出ゼロを意味するものではありません。これは、二酸化炭素をはじめとする温室効果ガスの「排出量」から、植林、森林管理などによる「吸収量」を差し引いて、合計を「実質的にゼロ」にすることを意味しています。今日の社会において、CO_2などの温室効果ガスをまったく排出しないというのは無理な話です。そこで、人為的に主たる温室効果ガスであるCO_2を回収して貯留する技術がCCSであり、その回収したCO_2を利用する技術がCCUSです。

　CCSはCarbon dioxide Capture and Storageの略であり、日本語では「二酸化炭素の回収・貯留」になります。CCSの工程は、「分離・回収」「輸送」「圧入」の3つに分類されます。日本では、回収したCO_2を液化して船舶で輸送し、海底に貯留する方法が有力視されていて、すでにいくつかの実証実験が行われています。しかし、工程ごとに異なる法的規制があることなどから、事業化に向けたハードルは低くありません。CCS事業は、欧州が一歩先を行っています。日本でも液化CO_2船の開発を進めるなど、CCSに事業化に向けた取り組みが進んでいます。

　CCUSはCarbon dioxide Capture, Utilization and Storageの略で、「二酸化炭素の回収・利用・貯留」を意味し、CO_2の直接利用とカーボンリサイクルに分類することができます。

　CCUSによって空気中や発電所、工場で排出されたCO_2が集められ、水素などと反応させて燃料や化学原料、コンクリートなどを作ることに利用されます。

https://www.egmkt.co.jp/column/corporation/20210120_28.html

第**11**章

目標17「パートナーシップ」と物流

　企業単独での取り組みでは、SDGs目標の達成は限定的です。サプライチェーンを構成する企業はもちろんですが、同業他社や異業種間の連携、いい換えれば様々な企業とパートナーシップを構築し、共同して取り組むことが必要であるということです。

　今日、物流企業およびその荷主にあたる製造業や流通業は、物流において多くの問題を抱えています。それらの問題は各企業が単独で解決するのは難しいと思われます。そこで、すでに多くの企業が、同業種、異業種におけるパートナーシップを構築してこれらの問題解決のために動き始めています。重要なことは、こうした経営上の問題を解決することがSDGsの目標達成への貢献につながるということです。

　例えば、トラック業界の「2024年問題」がドライバー不足に拍車をかけることが懸念されています。その解決のためには、トラックの荷役時間（貨物の積み降ろし）の短縮や待機時間の短縮などが考えられますが、物流企業と荷主とのパートナーシップなくして解決できません。

　この章では、物流における課題解決とSDGsの目標17「パートナーシップ」の関係についてみてゆきます。

1 共同配送と物流総合効率化法

●共同配送とパートナーシップ

　共同配送とは、複数の企業が輸配送業務を共同で行うことをいいます。

　配送業務は、小売・卸に限らず製造業にとっても顧客との接点であり、顧客サービスの差別化、あるいは情報が漏れることの懸念から、これまで多くの企業が独自に配送業務を行ってきました。

　しかし近年、共同配送に取り組む企業が増えてきました。その背景には、「物流の2024年問題」を含めたトラックドライバー不足、交通渋滞や環境問題、さらには競争激化によるコスト削減要求の高まりなどがあります。

　もちろん、共同配送にはメリットと同時にデメリットもありますが、デメリットを相殺して余りあるメリットがあると考えるようになった結果ではないでしょうか。

　共同配送は、主導する業界・企業、流通チャンネル別や地域別などに分類することができます。主導する業界・企業は、その立場により荷主共同配送と輸送業者共同配送に分けられます。また、荷主共同配送は、そのパートナーによって、同業種共同配送と異業種共同配送に分類できます。

　当然ながら、共同物流には、同業他社や物流企業との連携、いい換えればパートナーシップが不可欠です。共同物流への取り組みが、結果としてSDGs目標17「パートナーシップ」に大きく貢献するのです。

●物流総合効率化法が共同配送を後押し

　「物流総合効率化法」とは、正式には「流通業務の総合化及び効率化の促進に関する法律」といい、2005（平成17）年10月に施行されました。物流を総合的、かつ効率的に実施することにより、物流コストの削減や環

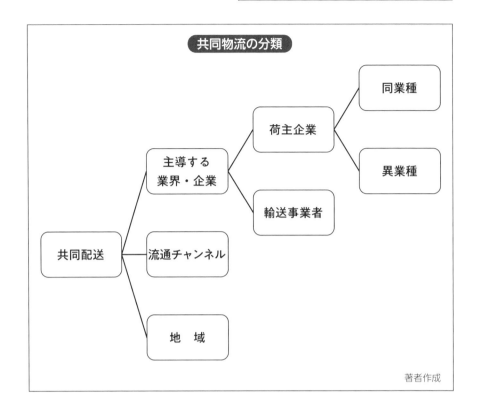

共同物流の分類

共同配送 ── 主導する業界・企業 ── 荷主企業 ── 同業種／異業種

主導する業界・企業 ── 輸送事業者

共同配送 ── 流通チャンネル

共同配送 ── 地域

著者作成

境負荷の低減等を図る事業に対して、その計画の認定、関連支援措置等を定めた法律です。

　物流総合効率化法が改正され、2016年に施行されました。当初の目的は、物流センター等を新たに建設することで物流を効率化する企業を支援することでした。改正において、手続きの簡素化や税制措置などが盛り込まれましたが、一番大きな改正点は、物流効率化に向け支援対象にモーダルシフトが追加されたことです。ここでは、２社以上の連携が前提であることが明記されています。つまり、改正前はハードへの支援が中心でしたが、改正後はソフト面の支援を前面に打ち出したといえます。この法改正によって、共同配送やモーダルシフトが大きく前進することになりました。

●共同配送への取り組みで一挙三得

　SDGsは大手企業だけのものとは考えないでください。大企業、中小企業を問わず、物流企業にとって、SDGsへの取り組みは経営の問題です。

　トラックドライバー不足、燃料費高騰への対策のひとつとして、共同物流が考えられます。先述の通り、共同物流によって、トラック台数の削減によるCO$_2$排出量の削減や、2024年問題への対策を含めたトラックドライバーの労働環境改善などにつながります。これはコスト削減にもつながります。これらの取り組みが、物流総合効率化法に適用されるかを考えてください。採択されれば、政府から支援を受けることができます。つまり、共同物流への取り組みは、SDGs目標達成への貢献、コスト削減とさらに政府からの支援を受けられるという「一挙三得」の取り組みなのです。

　SDGsは、中小企業こそ取り組むものです。ただし、共同物流やモーダルシフトは企業が単独でできるものではありません。共同物流は、同業者

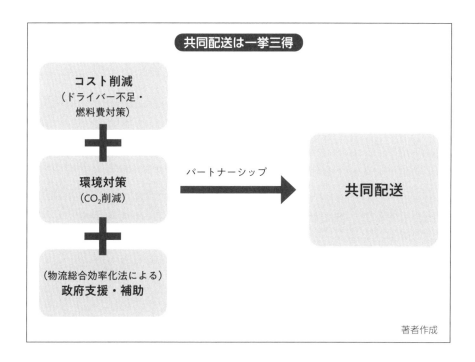

著者作成

共同配送によるメリット・デメリット

メリット	物流コスト削減	配送料金をシェアすることで、車両費（燃費・人件費等）を抑えることができる
	配送時間の効率化	物流のタイムロスを排除することで、作業時間を圧縮することができる
	多頻度小口輸配送の可能性	複数の荷主の商品を積み合わせることで、小ロットのため取引できなかった顧客への納品が可能になる
	環境改善	輸配送車両の削減により排気ガスやCO_2を削減できる
デメリット	出荷情報の漏洩	情報が同業他社に漏れることが懸念される
	時間指定配送が困難	各社の時間指定に対して要望通りにならないことも多い
	配送センターの立地条件が異なる	集配する場所が異なることで、かえってコスト増となることがある
	集配送事業者の選定	集配事業者に運営を任せるケースが多く、事業者選定がうまくいかないことがある
	責任所在が不明確	輸配送中の破損、損失などに対する責任の所在が明確でないことが多い
	利益配分、コスト面でのルールが曖昧	コスト集計、利益（改善効果）の算定が曖昧になりがちである

や異業者とのパートナーシップ、具体的には荷主企業（同業種または異業種）とトラック事業者や鉄道、フェリー、内航事業者などとの連携が必要です。

　これからの物流は、パートナーシップの時代です。同業者、異業者との間で何らかの形での協調関係、提携関係のもと行われるのが一般的となります。ある小売業の方の言葉に、「競争は店舗で、物流は協調」というものがあります。

共同物流の効率性が優先される時代へ
2 物流子会社の利便性と
共同物流の効率性

●日本のメーカー物流の特徴としての物流子会社

　物流子会社とは、荷主が、「自分の荷物」を持つ親会社である物流会社です。電機、化粧品や食品などの製造業の他、一部流通業等の多くの企業が自らの物流子会社を有しています。これは日本独自の、海外ではみられない形態です。親会社にとってのメリットは、自社の製品の知識があり、自社人材の受け入れ先でもありますが、何より自社の都合に合わせて物流を行えるという利便性です。

●物流子会社の利便性か共同物流の効率性か？

　物流子会社は、親会社にとって非常に便利な存在であることは間違いありません。しかし、自社の製品だけを扱うために積載率が低い、あるいは人件費を含めて高コストになりがちです。物流子会社には利便性はあるけれども、非効率であるといえます。

　これまで、親会社はその利便性を重視してきました。しかし、価値観が大きく変化し、企業経営が厳しさを増し、また環境対応が求められる中で、利便性よりも効率化が求められるようになっています。効率化を実践し、求められる環境対応を含めたSDGsへの取り組みを実現する方法が共同配送です。物流企業を有する多くの企業が、従来の物流子会社の持つ利便性から共同配送による効率性を重視するようになっています。

●物流子会社に今起こっていること―自立か売却か

　それでは、物流子会社は今後どうなるのでしょうか。今日、荷主企業が物流会社に求めるのは、①ドライバー不足や労働環境改善を含む2024年

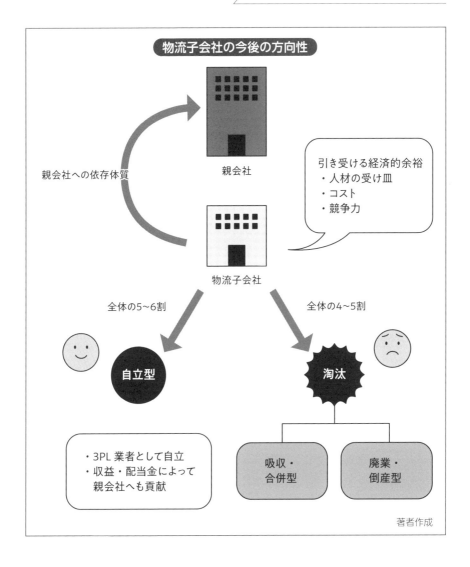

物流子会社の今後の方向性

親会社

親会社への依存体質

物流子会社

引き受ける経済的余裕
・人材の受け皿
・コスト
・競争力

全体の5〜6割

全体の4〜5割

自立型

淘汰

・3PL業者として自立
・収益・配当金によって
　親会社へも貢献

吸収・
合併型

廃業・
倒産型

著者作成

問題への対応、②積載率向上等によるコスト削減、③CO$_2$削減など脱炭素対応、④自然災害時などのBCP（事業継続計画）などが挙げられます。

　実は、ここに挙げた4つは、どれもSDGsの目標に含まれるものです。

　こうした問題への対応には、ある程度の事業規模が必要です。

　したがって、物流子会社の将来は大きく2つに分かれます。ひとつ目は、

親会社への依存度を下げ、自立することです。その代表例として日立物流が挙げられます。同社は、日立グループの物流子会社としてスタートしましたが、現在の同社の日立グループへの依存度はわずかで、完全に自立した、日本を代表する物流企業に成長しています。日本を代表する3PL（サードパーティロジスティクス）事業者としても有名です。

2つ目は、自立ができない、親会社の要望に応えられない物流子会社です。その場合は、廃業・倒産、あるいは他社への売却（吸収・合併）によって淘汰されることになります。

物流子会社の再編や売却は以前から進んでいましたが、近年そのスピードが加速しています。社会が大きく変化する中で、先に挙げたように荷主企業が物流に対して求めるものが変わってきたからです。物流子会社の親会社である荷主企業が、物流子会社単独では、抱える問題に対応することが難しいと判断した場合、廃業、あるいは再編や大手企業への売却を通じて物流基盤を強化することを選択するということです。

食品卸大手の国分グループ本社は、グループ内で物流事業を展開する国分ロジスティクスと日本デリカ運輸を統合しました。医薬品卸大手の東邦ホールディングスは、都内にある全額出資の運送子会社3社を統合し、社名を「共創物流」に変更しました。また、トヨタ紡織は2021年10月、TB物流サービスと寿陸運の全額出資子会社2社を統合し、「TBロジスティクス」を設立しました。いすゞ自動車でも、いすゞライネックスとアイパックという全額出資子会社2社を2021年10月に統合しました。

このように、グループ内の複数の物流子会社を合併・統合し、経営の効率化・安定化を目指す動きも活発です。

物流子会社関連のM&Aは、まだまだ続くと考えられます。物流業界における物流子会社の動向が、物流業界再編と業界地図を塗り替えることにつながります。

独立系の物流企業にとっては、荷主企業と物流企業とのパートナーシップを構築することで、新たな顧客獲得のチャンスとなるかもしれません。

最近の主な物流子会社売却

企業名	売り手	買い手	公表年月
三洋電機ロジスティクス	三洋電機	三井倉庫	2012年
コニカミノルタ物流	コニカミノルタ	DHLサプライチェーン	2013年6月
古河物流	古河電気興業	SBSホールディングス	2021年4月
フレッシュ・ロジスティック	明治ホールディングス	アサヒロジスティクス	2020年12月
ナガセ物流	長瀬産業	センコー	2020年12月
OKIプロサーブ	沖電気	DHLサプライチェーン	2020年10月
UACJ物流	UACJ	センコー	2020年8月
ケイジー物流	鬼怒川ゴム工業	ダイオーロジスティクス	2020年5月
東芝ロジスティクス	東芝	SBSホールディングス	2020年5月
フリゴ大阪港	極洋（キョクヨー秋津冷蔵）	フリゴ	2018年10月
リコーロジスティクス	リコー	SBSホールディングス	2018年5月
ベルメゾンロジスコ	千趣会	住商グローバルロジスティクス	2017年7月
千代田運輸	協和発酵キリン（協和キリンプラス）	ハマキョウレックス	2017年2月

※三洋電機ロジスティクスは、三井倉庫による買収後、三井倉庫ロジスティクスに名称変更。

3 食品5社による究極の共同配送の形　F-LINE

●F-LINE株式会社

　食品会社は、スーパーやコンビニなどの小売りや外食産業など、その納品（配送）先が重なることが多く、共同配送に取り組みやすい環境にあるといえます。これまでは、それぞれが物流子会社を持っており、独自の物流網を築いていました。

　共同物流については、出荷のタイミングを自ら決められず調整しなければならないことや、情報漏洩の懸念などからなかなか取り組めずにいました。近年、社会や経営環境が大きく変わってきたことから、共同物流への取り組みを強化する例が出始めています。

　2019年4月、それまで部分的な共同配送に取り組んでいた食品メーカー5社（味の素株式会社、ハウス食品グループ本社株式会社、カゴメ株式会社、株式会社日清製粉ウェルナ、日清オイリオグループ株式会社）の出資により、味の素物流株式会社、カゴメ物流サービス株式会社、ハウス物流サービス株式会社（事業の一部）の物流事業を統合して、F-LINE株式会社が設立されました。

　味の素物流（株）を存続会社とした、資本金24.8億円、売上高854億円、保有車両台数535台（2021年3月）という事業規模です。

　それまでは各社がそれぞれ個別に配送を行ってきましたが、出資者である5社の物流をすべてF-LINE株式会社が担うことになりました。

　これは、同業者間のパートナーシップであり、究極の共同物流といえるかもしれません。

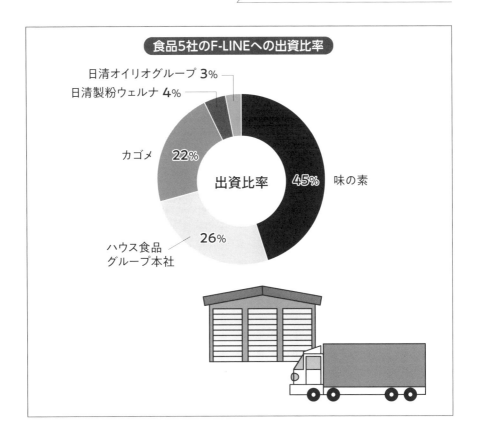

食品5社のF-LINEへの出資比率

日清オイリオグループ **3%**
日清製粉ウェルナ **4%**
カゴメ **22%**
出資比率
45% 味の素
26%
ハウス食品グループ本社

○F-LINE株式会社の環境への取り組み

　共同配送による効率化の実現はもちろんですが、同社は環境問題にも積極的に取り組んでいます。例えば、エコドライブの推進と低公害車の導入、物流センターへの太陽光発電システムの設置、3R（Reduce、Reuse、Recycle）の推進による廃棄物の削減と資源化率の向上、およびモーダルシフトへの取り組みなどが挙げられます。

4 小売り・卸、食品・日用品メーカー ―イオン等異業種50社の取り組み

●イオンなど50社による共同配送の取り組み

　イオンなど小売り・卸、食品・日用品メーカー50社が、2025年までに共同配送をすることを発表しました。トラックの共同配送および物流拠点の共同利用により、トラックドライバー不足への対応や物流コスト削減、CO_2の排出削減につなげる狙いがあります。複数社の製品の混載によって積載効率を高め、輸送効率が上げられます。

　小売りや卸、食品・日用品メーカーなどで作る「製・配・販連携協議会」に加盟する50社で共同配送に取り組み、2030年までにパレットなど物流資材の標準化も予定しています。

●共同配送で積載率の向上を目指す

　営業トラックの積載率は、2020年には40％を下回りました。50社の共同配送により、積載率を2025年に60％、2030年には70％まで引き上げる目標を掲げています。仮に、積載率が倍になれば、単純計算ではトラック台数は半分で足りることになります。

　これまで、加工食品の分野では、メーカーごとに発注システムや段ボールなどの規格が違うこと、また小売業界は積載率向上よりも配送スピードを優先する傾向があるなどの理由で、共同配送は進展しませんでした。しかしながら、2024年問題がトラックドライバー不足に拍車をかけ、物流コストアップが懸念されることや、CO_2削減を中心にSDGsへの貢献が顧客や投資家から求められるなどの経営環境の変化から、企業は共同配送に向けて大きく舵を切りました。「製・配・販連携協議会」だけでなく、アサヒビールやキリンビールなどビール大手4社による一部地域の共同配

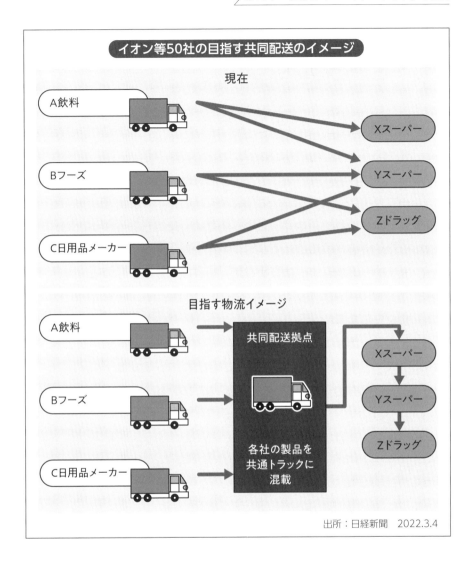

送、日清食品とサッポロビールによる即席麺とビールの共同配送など多くの例がみられます。

　このように、SDGsの目標の実現に向けて同業者間、異業者間など共同配送という形で様々なパートナーシップが結ばれています。SDGs目標の実現には、企業によるパートナーシップが欠かせません。

5 モーダルシフト

モーダルシフトとは、「幹線貨物輸送を、トラックから大量輸送機関である鉄道または内航海運へ転換し、トラックと連携して複合一貫輸送を推進していこうという方向性を示す言葉である」(日本ロジスティクスシステム協会監修『基本ロジスティクス用語辞典』白桃書房) とあります。

鉄道や船舶による輸送は、その端末輸送に必ずトラックが必要になります。つまり**モーダルシフトは複合輸送、いい換えれば複数の輸送事業者との連携が必要で、荷主と複数の異種輸送事業者とのパートナーシップによって成り立ちます。**

モーダルシフトの目的は、環境対策、トラックドライバー不足対策やBCPとしての複数輸送手段の確保などが挙げられますが、SDGs目標17 (パートナーシップ) の視点からモーダルシフトを考えてみることも大切です。

モーダルシフトは、1980年代前半までは主に省エネ対策として、1980年代後半から1990年代初頭までは労働力不足への対応のため、そして1990年代半ば以降は地球環境問題への対応のために、その推進が求められてきました。そして現在は、主に自然災害を想定したBCP、および労働力 (トラックドライバー) 不足を補う形で進展しています。このように、モーダルシフトの目的は、時代とともに大きく変化しています。

モーダルシフト推進は、地球環境への負荷軽減だけでなく、労働者不足への対応など、現代の社会課題に適応した選択肢です。トラックドライバー不足という目先の対応だけに捉われずに、モーダルシフトの本来の目的である地球環境問題への対応策の視点から、長期的視野に立った取り組みが必要です。

	日本におけるモーダルシフトへの取り組み	
1981年	「モーダルシフト」登場	運輸政策審議会答申
1990年	労働力不足問題に対する答申としてモーダルシフト推進提言	運輸政策審議会物流部会答申
1991年	運輸省（現国土交通省）モーダルシフト推進を表明	
1996年	モーダルシフト化率、43.4％（過去最大）	
1997年	京都議定書採択	第3回気候変動枠組条約締約国会議（地球温暖化防止京都会議、COP3）
1997年	2010年までにモーダルシフト化率を40％から50％に引き上げることを決定	地球温暖化問題への国内対策に関する関係審議会合同会議
2000年	「循環型社会形成推進基本法」成立	環境省
2001年	2010年までにモーダルシフト化率を50％に引き上げ目標を閣議決定	「新総合物流施策大綱」（2001年7月閣議決定）
2005年	「省エネ法」が改正され、「改正省エネ法」施行	省エネ法（正式名：エネルギーの使用の合理化に関する法律）（1979年制定）
2010年	「モーダルシフト等推進官民協議会」	官民の意見交換の場
2016年	「改正物流総合効率化法案（流通業務の総合化及び効率化の促進に関する法律の一部を改正する法律案）」が閣議決定	同年5月2日より施行。国土交通省は、2020年度までに34億キロトン分の貨物を自動車から鉄道・船舶輸送への転換を目指している

出所：森隆行編著『モーダルシフトと内航海運』海文堂出版（2020）

　持続可能な事業・サービスの一環として、荷主企業は複数の物流会社とのパートナーシップによって、率先してモーダルシフトに取り組むべきであり、政府はインセンティブや規制緩和によって積極的に後押しすることで、循環型ロジスティクスを基盤に持続可能な社会を構築し、日本が世界のお手本となることが望まれます。

6 ワコール流通の
モーダルシフトへの取り組み

　モーダルシフト推進の妨げになる要因のひとつが、貨物のロットです。特に船舶輸送には小さな貨物ロットは適しません。そうした阻害要因を克服し、モーダルシフトに取り組んでいる例として、ワコール流通を取り上げます。

● ワコール流通のモーダルシフトへの契機

　ワコール流通は、ワコールの物流子会社としてワコール製品の物流を担っています。その製品の性格上、どうしても輸送ロットが小さく、同社の扱うワコール商品の国内輸送は、沖縄、北海道、青森など一部の空輸を除いてすべてトラックで輸送していました。

　ワコール流通がモーダルシフトへ舵を切ったのは、2014（平成26）年2月、発達した低気圧の影響で、関東甲信地方や東北地方を中心に大雪、北日本では暴風雪となったことがきっかけでした。大雨の影響で道路の冠水や土砂災害等の被害が発生し、道路が寸断され、トラックはすべて止まりましたが、鉄道や船舶は正常に運行していました。

　ワコール流通のモーダルシフトの目的は、いついかなる状況下においても製品を届けるための輸送網の構築、つまり「BCPの視点からの、輸送チャネルの多様化」です。

● モーダルシフトへの取り組み

　ワコール流通は、モーダルシフトによる輸送チャネルの複数化のために、鉄道輸送と船舶による海上輸送への取り組みを計画しました。そして2014年9月、日本貨物鉄道株式会社（JR貨物）の12フィートコンテナを使っ

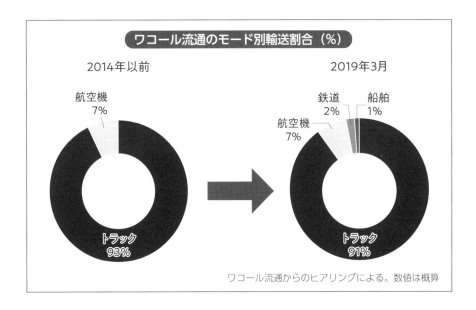

ワコール流通のモード別輸送割合（%）

2014年以前

2019年3月

航空機
7%

鉄道
2%

船舶
1%

航空機
7%

トラック
93%

トラック
91%

ワコール流通からのヒアリングによる。数値は概算

て京都梅小路−東京貨物ターミナル間の鉄道輸送を開始しました。鉄道輸送へのモーダルシフトは順調でしたが、フェリーによる海上輸送の出だしは順調ではありませんでした。貨物のロットが小さいことから、フェリー会社に受けてもらえなかったのです。船舶による輸送には、ある程度のロットが必要ということです。そこで、関東、関西から混載トラックでフェリーを利用している北海道の事業者である松岡満運輸のサービスを利用することで、小ロットという海上輸送における阻害要因を克服し、2016年5月から北海道向けの貨物のフェリーによる海上輸送を始めることができました。

　現在は、新日本海フェリーの敦賀−苫小牧航路を使い、バーゲン商品を中心に年間30便を利用しています。出荷はほぼ、5月、6月、9月、10月に集中しています。

　モーダルシフトに取り組む前の2014年以前の輸送モードは、トラック輸送が93%、航空輸送が7%でしたが、2016年には、トラック、鉄道、船舶、航空機による4モードの輸送体制を構築しました。2019年には、

トラック輸送91％、航空輸送7％、鉄道2％、船舶1％となっており、貨物のロットやリードタイムなどの点から、なかなか思うようにモーダルシフトが進んでいないのも現実のようです。

●北海道向け貨物の船舶へのモーダルシフトの仕組み

ワコール流通の守山流通センターの貨物を松岡満運輸が4トントラックで集荷し、松岡満運輸滋賀営業所に輸送します。ここに集められた複数の貨物を10トントラックに混載し、敦賀港から苫小牧東港に新日本海フェリーで輸送します。松岡満運輸は、このフェリー便を年間およそ30便利用しています。

苫小牧東港に到着すると、札幌松岡満運輸白石ターミナルで混載された貨物が仕分けされ、4トントラックに積み替えられます。その後、ワコール流通の貨物は、松岡満運輸の4トントラックで北海道全域の百貨店、小売店やワコールの直営店に配送されます。

●モーダルシフトによるSDGs目標17「パートナーシップ」への貢献

ワコール流通のモーダルシフトへの取り組みの目標はBCPですが、ワコール流通（荷主）、松岡満運輸（物流事業者）、新日本海フェリー（海運事業者）という異業種によるパートナーシップによって成り立っていることがわかります。もちろん、SDGs目標17だけでなく、CO_2削減による環境への貢献や、トラックドライバー不足への対応など多岐にわたる貢献を果たしています。

ワコール物流は、モーダルシフト以外にも、守山流通センターの周辺の物流センター（荷主）とも協力して、トラックの共同配送にも取り組んでいます。このように、同業種や異業種によるパートナーシップがSDGs目標実現だけでなく、様々な面で大きな効果を発揮しています。

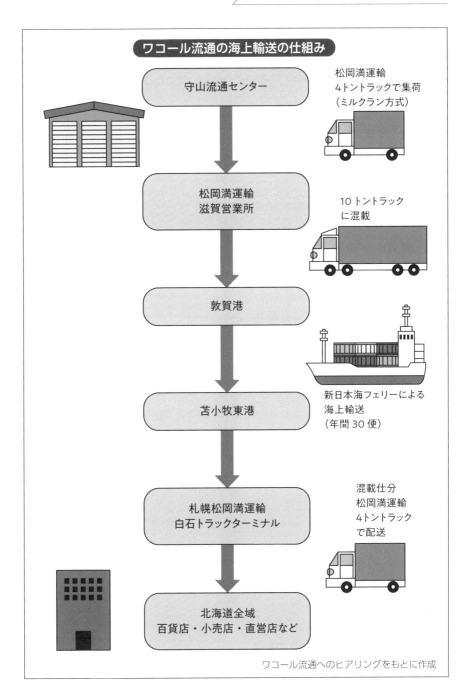

ワコール流通の海上輸送の仕組み

守山流通センター

松岡満運輸
4トントラックで集荷
（ミルクラン方式）

松岡満運輸
滋賀営業所

10トントラック
に混載

敦賀港

新日本海フェリーによる
海上輸送
（年間30便）

苫小牧東港

札幌松岡満運輸
白石トラックターミナル

混載仕分
松岡満運輸
4トントラック
で配送

北海道全域
百貨店・小売店・直営店など

ワコール流通へのヒアリングをもとに作成

働き方改革と物流①

7 物流分野の働き方改革が盛り込まれた「総合物流施策大綱」

●総合物流施策大綱

　総合物流施策大綱は、国際社会の情勢変化に対応した物流の進むべき方向性を明確にし、物流施策をわかりやすく提示することを目的としたものです。省庁横断的な総合政策であり、日本全体の物流政策の基本方針を示したもので、1997年から始まり、5年ごとに改訂されています。2021年5月に第7次「2021-2025年」が閣議決定されました。

●第7次総合物流施策大綱の概要

　第7次総合物流施策大綱は、次の3つのテーマがあります。
①物流DXや物流標準化の推進によるサプライチェーン全体の徹底した最適化（簡素で滑らかな物流）
②労働力不足対策と物流構造改革の推進（担い手にやさしい物流）
③強靭で持続可能な物流ネットワークの構築（強くてしなやかな物流）

　注目したいのは、「担い手にやさしい物流」の項目です。ここには、「トラックドライバーの時間外労働の上限規制を遵守するために必要な労働環境の整備」、および「内航海運の安定的輸送の確保に向けた取り組みの推進」が明記されています。

　「トラックドライバーの時間外労働の上限規制を遵守するために必要な労働環境の整備」では、「商慣習の見直し」「標準的な運賃の浸透」「荷待ち時間の削減」「ダブル連結トラック等の活用支援」等が記載されています。

　「内航海運の安定的輸送の確保に向けた取組の推進」においては、「船員の確保・育成」「働き方改革の推進」「内航海運の運航・経営効率化」等が盛り込まれています。

出所：国土交通省

　第7次総合物流施策大綱の特徴のひとつが、物流の担い手であるトラックドライバーや内航船員の働き方改革を通じて、労働環境を改善することでトラックドライバーや内航船員不足を解消しようというものです。

　例えば、大型トラックドライバーの年間平均労働時間は2,544時間、年間平均収入は463万円、中小型ドライバーは同2,484時間、431万円でした。これは全産業の平均年間労働時間2,112時間、年間平均収入489万円に比べて大きく劣っています（厚生労働省「賃金構造基本統計調査」）。

　第7次総合物流施策大綱では、トラックドライバーの年間所得額、および年間平均労働時間を全産業平均並みにすることを目標に掲げています。

◉第7次総合物流施策大綱に盛り込まれた内航海運関係の内容

第7次総合物流施策大綱に盛り込まれた内航海運関係の内容には、次にの5つがあります。

①内航海運を支える船員の確保・育成及び船員の働き方改革の推進

使用者が船員の労働時間を把握、船員の状況に応じて適切な対応をする仕組み作り等。

②内航海運暫定措置事業終了を踏まえた荷主との取引環境の改善

「稼げる内航海運への変革」のために、契約の適正化など荷主やオペレーターとの契約の適正化、船員の労働時間を考慮した運航スケジュールの設定など、持続可能な事業運営が実現できる環境整備。

③内航海運の運航・経営効率化、新技術の活用等の内航海運の生産性向上

船舶管理業への制度上の位置付け付与、船舶大型化に対応した港湾整備や情報通信技術、自動化技術の活用を推進。

④モーダルシフトのさらなる推進

低炭素化に向けて有効なモーダルシフトを推進する。

⑤新技術等を活用した物流の低炭素化・脱炭素化

環境性能に優れた船舶の普及やIoT等を活用した船舶運航の効率化等の取り組みの支援。「内航船舶省エネルギー格付制度」の運用により、環境性能に優れた船舶への投資を促す。

◉第7次総合物流施策大綱からみえるパートナーシップの重要性

トラックドライバーの項では、「商慣習の見直し」「標準的な運賃の浸透」「荷待ち時間の削減」等、内航海運の項では「働き方改革の推進」「内航海運の運航・経営効率化」等がありますが、これらは物流事業者であるトラック会社や内航海運会社が単独で実行できるものではありません。荷主企業を中心とした、関係するすべての企業が協力しなければ実現できないものです。その意味では、荷主企業と物流事業者のパートナーシップが不可欠です。

トラックドライバーの労働環境整備のためのおもな取り組み

「改正貨物自動車運送事業法」の取り組みの浸透

・標準的な運賃の浸透を図り、ドライバーの労働条件を改善
・「コンプライアンス確保には荷主の配慮が重要である」ことへの理解を求める働きかけ

荷待ち件数が多い荷種の商習慣の見直し

・輸送品目別にガイドラインを作成し、リードタイム延長など商習慣を改善

ダブル連結トラックの活用支援

・特車許可基準の車両長を緩和し、1台で2台分の輸送が可能に

デジタル機器の活用による荷待ち時間の削減

・ドライバーが到着時刻を予約することでトラックの到着時間が平準化され、荷待ち時間が削減される

出所：国土交通省

　これまで物流事業者は、荷主企業からは下請けとして一段下の位置づけがなされてきたと思いますが、これからの荷主と物流企業の関係は、パートナーとして対等な関係を構築することが必要と考えます。

　こうした関係が貨物の安定輸送、つまり持続可能な輸送体制の構築には欠かせません。まずは、荷主と物流事業者の関係についての、荷主の意識改革から始めることです。

8 荷主と物流事業者が手を組み 2024年問題を乗り切る

○2024年問題

2024年問題とは、「働き方改革関連法」（正式名称「働き方改革を推進するための関係法律の整備に関する法律」）が2019年に施行されたことによって、2024年4月以降に生じる問題です。

運送業やトラック含む「車両運転業務」に関しては、2024年まで猶予されていますが、同年には、時間外労働は年960時間（休日労働を含まない）・月平均80時間（休日労働を含まない）などの時間外労働の上限規制がトラックドライバーにも適用されることになります。これには罰則規定も設けられています。

この法律が適用される2024年4月以降、トラックドライバー不足に拍車がかかり、物流コストの上昇などが起こることが考えられます。このことを「物流の2024年問題」と呼んでいます。トラック運送事業者・荷主のパートナーシップによる生産性向上が「物流の2024年問題」への解決につながり、持続可能な物流を実現するのです。

○2024年までに運送業者が取り組むべきこと

2024年のトラックドライバーの時間外労働の上限規制適用に向けて、運送業者が取り組むべきこととして以下の項目が挙げられます。

①「労働生産性の向上」、②「運送業者の経営改善」、③「適正取引の推進」、④「多様な人材の確保・育成」の4つです。

中でも重要なのが、労働生産性の向上です。OECDによれば、2020年の日本の労働生産性は、OECD加盟38か国中、28位です。特に運輸業を含むサービス業の労働生産性の低さが目立ちます。

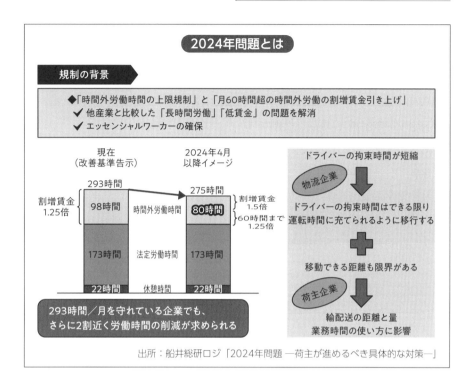

出所：船井総研ロジ「2024年問題 ―荷主が進めるべき具体的な対策―」

　運輸業の生産性の低さの原因には、荷待ち時間や荷姿による荷役時間が長いことなど、荷主や倉庫に問題が起因することも少なくありません。

　このため、2024年問題をクリアするには、当事者である運送業者だけでなく、荷主や倉庫などすべての関係者の連携が必要です。つまり、**サプライチェーンにおけるパートナーシップが、2024年問題を乗り切るためには必要であ**るということです。

　具体的な改善への取り組みとして、荷待ち時間の短縮、貨物のパレット使用による荷役時間の削減、省力・アシスト機器の活用、時間管理の徹底、トラック予約受付システムの活用、高速道路の有効活用、適切な運行計画作り、市街地での納品業務の時間短縮、都市内共配の促進、ツーマン運行（2人乗務）によるワークシェアリングの導入、最新車両技術の導入、ダブル連結トラック／スワップボディの導入、などが考えられます。

労働生産性向上に向けた取り組み事例として、次の2社を挙げます。

●事例　IT活用による荷待ち時間の削減（大塚倉庫）

「Web予約システム」と「e-伝票」を導入することで、トラックドライバーの待機時間の削減を実現した例です。

「Web予約システム」は、ドライバーが入庫したい時間を着日の前日に予約できる仕組みです。「e-伝票」は、取引システムにおいて品目、数量、ロット番号の情報連携がすでになされている状況を活用し、納品後に数量の過不足、商品破損の状況が確認できる仕組みです。

これらによって、入庫時検品の廃止、納品伝票・受領印の電子化を実現しています。

●事例　荷主の集配拠点に自社積卸担当社員を配置（三共貨物自動車）

ドライバーが積み降ろし作業を行う間の、トラックの非稼働時間を削減するために、荷主企業の新規集配拠点に積み降ろし担当社員を常駐させて、自社トラックが入庫したら担当社員が荷の積み降ろし、付帯業務を実施する方式です。ドライバーは貨物を降ろしてすぐに出発できるため、トラックの動いていない時間の削減(実車時間の向上)を実現したほか、ドライバーの負担軽減につながっています。

大塚倉庫の取り組み

従来

・先着順での納品

・紙ベースでの検品

納品書
印
・受領印での受領
・受領書の持ち帰り

・受領書（紙）管理
・判取り

電子化

・スマホで入庫予約

・商品写真撮影
　（※入庫検品なし）

・スマホで受領
・リアルタイム共有

・デジタルデータ管理
・キーワード検索可能

三共貨物自動車の取り組み

Before

After

他社（荷主の）物流拠点

自社（トラック運送事業者）の
積み降ろし担当
社員の配置

他社（荷主の）物流拠点

ドライバーが積み降ろしや
付帯業務を実施

トラックの非稼働時間が発生

トラック運送事業者の
積み降ろし担当社員を配置

トラックが荷を積み降ろした後
すぐに出発でき
実車時間を増やせる

出所：国土交通省「トラック運送における生産性向上方策に関する手引き」

9 貨客混載

○貨客混載

　乗客と荷物の輸送・運行を一緒に行う取り組みを貨客混載といいます。鉄道や飛行機、路線バス、タクシーなどの旅客事業の一部のスペースを貨物の輸送に利用することです。

　貨客混載には様々な規制がありましたが、2017年9月に国土交通省が、過疎地域などでのバスやトラック、タクシーなどによる貨客混載を一部解禁しました。そして、2020年11月には、「地域公共交通の活性化及び再生に関する法律」が改正され、貨客混載の手続きを迅速に行えるようになっています。

　この法改正により、一定の条件の下で、バスやタクシーなどの旅客事業者が、人だけでなく貨物も輸送することが可能になります。また。物流事業者も人の輸送が可能になります。

　こうした一連の規制緩和を受けて、近年、物流会社と旅客事業会社のパートナーシップによる様々な取り組みがなされています。

　過疎地の配送の問題やトラックドライバー不足の観点から、貨客混載が期待されています。貨客混載は、貨物と旅客という異業種のパートナーシップによるSDGs目標実現への取り組みのひとつといえます。

○貨客混載のメリット

　バスやタクシーなど他の運送手段を利用することで、環境負荷の大きいトラックへの依存を減らし、CO_2排出量を低減できます。また、公共交通機関の空きスペースを活用して貨物を配送するため、物流コストを削減しやくなります。さらに、貨物の種類や輸送先に応じて配送方法を選択する

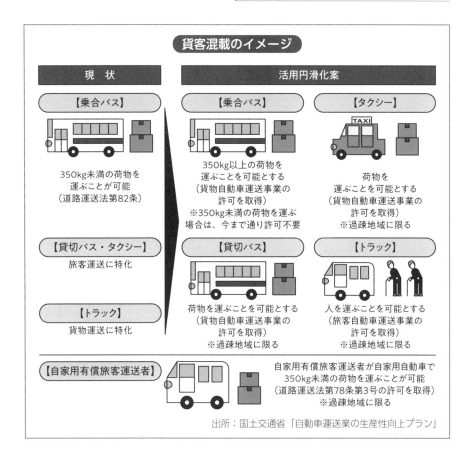

貨客混載のイメージ

現　状

活用円滑化案

【乗合バス】

350kg未満の荷物を
運ぶことが可能
（道路運送法第82条）

【貸切バス・タクシー】

旅客運送に特化

【トラック】

貨物運送に特化

【乗合バス】

350kg以上の荷物を
運ぶことを可能とする
（貨物自動車運送事業の
許可を取得）
※350kg未満の荷物を運ぶ
場合は、今まで通り許可不要

【貸切バス】

荷物を運ぶことを可能とする
（貨物自動車運送事業の
許可を取得）
※過疎地域に限る

【タクシー】

荷物を
運ぶことを可能とする
（貨物自動車運送事業の
許可を取得）
※過疎地域に限る

【トラック】

人を運ぶことを可能とする
（旅客自動車運送事業の
許可を取得）
※過疎地域に限る

【自家用有償旅客運送者】

自家用有償旅客運送者が自家用自動車で
350kg未満の荷物を運ぶことが可能
（道路運送法第78条第3号の許可を取得）
※過疎地域に限る

出所：国土交通省「自動車運送業の生産性向上プラン」

ことで、物流の効率化を実現でき、EC市場の拡大に伴う配送需要の増加
に対応しやすくなります。

●貨客混載のデメリット

　乗客スペースの一部を利用して荷物を置くため、運搬できる量に限界が
あります。また、公共交通機関への貨物の積み替え作業などが必要になり、
トラックだけの場合に比べて到着までに時間がかかる場合があります。

　貨客混載は、貨物運送業者と旅客運送業者が連携して荷物を運ぶため、
1回の配送に関わる会社や人の数が多いという特徴があります。

10 貨客混載の事例

貨客混載は、過疎地の配送対策やトラックドライバー不足対策、CO_2削減などの環境対応策として、多くの企業が取り組んでいます。ここでは、貨客混載の事例をいくつか取り上げます。

○西日本鉄道の例

西日本鉄道は、九州を走る高速バスの空きスペースを活用し、各地の特産物を積み込んで産直販売をする事業、「バスあいのりマルシェ」を実施しました。例えば、早朝とれたてのオクラやキュウリ、あゆなど、宮崎産の44品目の農水産物を提供します。これは同社と全国の農産品を貨客混載で首都圏に輸送・販売している農業マーケティング会社のアップクオリティとの共同事業です。トラック輸送と比較して、少量の貨物を低コストで、かつ短時間で運べるというメリットがあるといいます。

○楽天の例

楽天の運営する「Rakuten Express」と、岡山県に本社を構える両備ホールディングスとのパートナーシップによる貨客混載です。両備ホールディングスの子会社の東備バスのバス路線を活用した貨客混載による荷物の配送を、岡山市と瀬戸内市で実施しました。岡山県内にある物流拠点から「Rakuten Express」で配送する荷物を東備バスが通い箱に詰め、西大寺バスセンターから瀬戸内牛窓営業所までバスの座席に置いて輸送、そこからさらに各配送先へは東備バス、またはタクシーのドライバーが専用配送車で配送するという仕組みです。

西日本鉄道が実施した「バスあいのりマルシェ」の様子

画像提供：西日本鉄道

11 フィジカルインターネットが 物流を変える

ネット通販の拡大など、今後も物流に対する需要は増加すると考えられます。一方で、2024年問題を機に、トラックドライバーの不足が一挙に顕在化するでしょう。

従来のやり方では物流そのものが成り立たなくなることは、目にみえています。荷主の物流に対する概念そのものを変えることも含め、新たな物流を構築する必要があります。

そこで注目されているのが、「フィジカルインターネット」です。ここでは、フィジカルインターネットとは何か、そして、物流におけるSDGsとの関係についてみていきます。

●フィジカルインターネットとは？

インターネットにおけるパケット交換の仕組みを物流にあてはめて、フィジカルな物資の輸送や保管を変革させることから、「フィジカルインターネット」と呼ばれています。フィジカルは、メンタルやスピリチュアルなどのように、目にはみえない精神的なものに対する言葉で、身体的や物理的な物質を意味します。ここでは、「物理的なもの・形のあるもの」として使用されています。

物流はこれまで、自社が所有する倉庫やトラックを活用して物資の輸送を行うのが一般的でした。フィジカルインターネットは、複数の企業が所有する施設や設備をシェアして、効率よく物資を輸送することです。具体的には、IoTやAIといった技術を活用することで、倉庫やトラックなどの空き状況を可視化、貨物を規格化された容器で管理します。

フィジカルインターネットは、複数の企業が所有する施設や設備をシェ

フィジカルインターネットによる物流の変化概念図

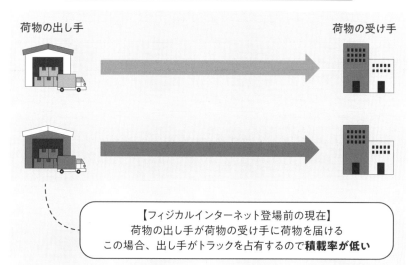

荷物の出し手　　　　　　　　　　　　　　　　荷物の受け手

【フィジカルインターネット登場前の現在】
荷物の出し手が荷物の受け手に荷物を届ける
この場合、出し手がトラックを占有するので**積載率が低い**

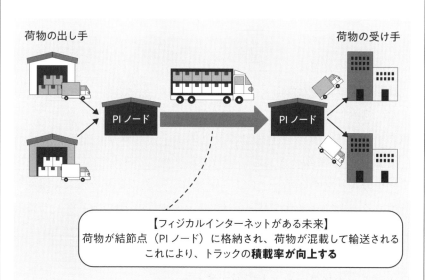

荷物の出し手　　　　　　　　　　　　　　　　荷物の受け手

【フィジカルインターネットがある未来】
荷物が結節点（PIノード）に格納され、荷物が混載して輸送される
これにより、トラックの**積載率が向上する**

※PIノード（フィジカルインターネットノード）：荷物の格納先

出所：野村総合研究所HP

アして、効率よく物資の輸送を行おうとする物流の新しい概念・考え方のことです。簡単にいえば、共同物流といい換えることも可能だと思います。

　日本でフィジカルインターネットの名前を耳にするようになったのは、2019年からですので、まだ新しい概念です。2021年に閣議決定された「総合物流施策大綱」で、フィジカルインターネットについて言及されたことなどから、少しずつ認知度が高まっています。

●フィジカルインターネットで期待される効果

　インターネットショッピングが一般的になったことで、小口配送が増えています。一方で、少子高齢化により労働人口が減少しており、物流業界ではトラックドライバー不足が深刻です。

　経済産業省、厚生労働省、文部科学省によると、2030年には、需要量に対して3割以上の荷物が運べなくなる可能性があるとされています。こうした課題の解決策として、フィジカルインターネットが注目されています。

　フィジカルインターネットが実現することで、物流における無駄が排除され、近年の物流需要の高まりや人材不足やドライバーの労働環境改善などの課題解決にもつながると考えられます。

　また、物流効率が高まることで、トラックの燃料消費量の抑制にもつながるため、コストセーブおよび温室効果ガスの削減など環境への負担軽減、つまりSDGs実現への貢献が期待されます。

　フィジカルインターネットのポイントは、複数の企業の施設や設備を共同利用すること、つまり「パートナーシップ」が重要であるということです。

●フィジカルインターネットで何が変わる？

　フィジカルインターネットの実現における、物流企業の具体的取り組みについて考えてみましょう。

フィジカルインターネットで期待される効果

ムダの排除
・物流効率化
・コストセーブ

人材不足解消

労働環境改善

SDGs貢献
・CO_2排出削減

　貨物の集配送のための物流拠点や、トラックなど輸送手段の共同利用が挙げられます。まず考えられるのが、宅配便貨物などの小口混載長距離幹線輸送のトラックの共同利用です。

　2023年4月、三菱商事が休眠倉庫を仲介する「倉庫のシェアリングサービス」を始めると発表されました。倉庫の共同利用ということで、注目に値します。航空業界ではコードシェア、海運業界ではアライアンスという名称で共同運航が行われています。いよいよ、トラック輸送や倉庫も共同利用の時代に入るということです。

　航空業界や海運業界でのプレイヤーは大手航空会社や大手の海運会社ですが、トラックの場合は大手の宅配事業者だけでなく、地域に特化した中堅物流企業と大手宅配事業者との提携も考えられるでしょう。その意味で、フィジカルインターネットの考え方の導入は、中小物流事業者にとってSDGs実現に貢献するだけでなく、新たなビジネスチャンスでもあります。

SDGs関連用語集

アップサイクル

捨てられるはずだった廃棄物や不用品を、新しい製品に生まれ変わらせること。

ウォーター・フットプリント（Water Footprint）

食料や製品の生産・加工・流通などのライフサイクルを通じて、直接的・間接的に消費・汚染された水の量を表わす指標。

エシカル（Ethical）

エシカルは「倫理的な」という意味で、「人や社会、地球環境、地域に配慮した考え方や行動」を指す言葉として使われている。中でも自然破壊や貧困、人権問題といった世界の課題、地域の活性化などに配慮した商品やサービスを「消費」することを、「エシカル消費」という。

エネルギー起源二酸化炭素（CO_2）

燃料の燃焼で発生・排出される二酸化炭素のこと。日本では地球温暖化につながる温室効果ガスとして6種類（二酸化炭素、メタン、一酸化二窒素、代替フロン等3ガス）が挙げられている。一方、工業プロセスにおける化学反応で発生する温室効果ガスや廃棄物の処理などで発生する温室効果ガス（二酸化炭素など）のことを非エネルギー起源二酸化炭素という。

エネルギー供給事業者による非化石エネルギー源の利用および化石エネルギー原料の有効な利用の促進に関する法律

通称「エネルギー供給構造高度化法（高度化法）」。非化石エネルギー源の利用拡大、および化石燃料の高効率化による有効利用を促進することを狙う仕組みとして、2009年に制定された。高度化法では、小売電気事業者に対して、供給する電気のうち「非化石電源（非化石エネルギーを使って発電する方式）」で作られた電気が占める比率（非化石電源比率）を、2030年度に44％以上にするよう求めている。

えるぼし

女性の活躍推進に関する5項目の状況等（採用比率・残業時間・管理職比率など）について、一定の要件を満たした場合に認定される制度。段階に応じて1つ星〜3つ星まで取得することができる。

海事産業強化法

正式名称は、「海事産業の基盤強化のための海上運送法等の一部を改正する法律案」（2022年4月1日施行）。造船・海運分野の競争力強化、船員の働き方改革・内航海運の生産性向上等による海事産業全体の基盤強化を図るための法律。

買い物難民

少子高齢化や過疎化などの影響により流通機能や公共交通網が弱体化したことによって、食料品や日用品など、生活必

需品の買い物が困難な状況に置かれている人のこと。「買い物弱者」「買い物困難者」ともいう。

貨客混載

宅配業者がバスや電車、フェリーなどの旅客機材と連携して貨物を運ぶ、または貨物を輸送するトラックなどで人を運ぶ、つまり、貨物と旅客を併せて運行を行う形態のこと。

カーボン・フットプリント（Carbon Footprint）

商品・サービスのライフサイクル全体（原材料調達から廃棄・リサイクルまで）で排出された温室効果ガス（GHG）の排出量をCO_2換算して表示したもの。

カーボンプライシング

温暖化ガスの排出に価格をつけること。排出削減や脱炭素技術への投資を促す。炭素税または排出量取引制度によるカーボンプライシングを導入している国・地域は、世界で64にのぼる（世界銀行による、2021年時点）。

カーボンリサイクル

CO_2を資源として捉え、これを分離・回収し、鉱物化や人工光合成、メタン合成による素材燃料への再利用等とともに、大気中へのCO_2排出を抑制する取り組み。

京都議定書

1997年に京都で開催された、第3回国連気候変動枠組条約の締約国会議（COP3：Conference of Parties）において採択された国際条約。世界各国が協力して地球温暖化を防止するため、2008年から2012年までの期間に先進国の温室効果ガス排出量を5％減少（1990年度比）させることを目標として、その後、2005年に発効された。

共同配送

複数の物流企業・事業所が連携し、複数企業の商品を同じトラックやコンテナなどに積み込み輸送する輸送手段のこと。

クリーンウッド法

正式には、「合法伐採木材等の流通及び利用の促進に関する法律」といい、2017年5月20日に施行された。同法は、我が国または原産国の法令に適合して伐採された樹木を材料とする木材・その製品の流通及び利用を促進することを目的として、対象となる木材等や木材関連事業者の範囲、登録制度等を定めるとともに、木材関連事業者や国が取り組むべき措置について定めている。

くるみん

一定の基準を満たした企業を厚生労働大臣が「子育てサポート企業」として認定する制度。「くるみん」という名称には、赤ちゃんが包まれる「おくるみ」と、「企業ぐるみ」で子育てをサポートする、

という意味が込められている。くるみんには「くるみん」と「プラチナくるみん」の２種類がある。プラチナくるみんに認定されるには、くるみん認定を受けたのち、さらに高い水準の取り組みを行っていることが条件となる。

国連気候変動枠組条約（UNFCCC）

大気中の温室効果ガスの濃度の安定化を究極的な目的とし、地球温暖化がもたらす様々な悪影響を防止するための国際的な枠組みを定めた条約で、1994年3月に発効。温室効果ガスの排出・吸収の目録作成、温暖化対策の国別計画の策定等を締約国の義務としている。COPは、この条約に基づき毎年開催されている。

コードシェア

２社以上の航空会社によって飛行機を共同運航している便のこと。例えば、ANA（NH）の便名で、提携航空会社により運航されることをコードシェアという。共同運航便とも呼ばれる。

コンプライアンス（Compliance）

コンプライアンスの日本語訳として「法令遵守」が用いられることが多いが、「法令を遵守する」（法を守る）ことに加え、「法律として明文化されてはいないが、社会的ルールとして認識されているルールに従って企業活動を行う」の意味がある。

サーキュラーエコノミー

循環型経済と訳される語。従来の「資源を採掘して」「生産」「破棄」という直線型経済システムの中で、活用されることなく「廃棄」されていた製品や原材料などを新たな「資源」と捉え、廃棄物を出すことなく資源を循環させる経済の仕組みのこと。サーキュラーエコノミーは「自然を再生すること」も目的に含み、自然から搾取するだけの経済活動からの脱却を目指している。

再生可能エネルギー

「太陽光、風力その他非化石エネルギー源のうち、エネルギー源として永続的に利用することができると認められるものとして政令で定めるもの」と定義され、太陽光・風力・水力・地熱・太陽熱・大気中の熱その他の自然界に存する熱・バイオマスが定められている。温室効果ガスを排出しないのが特徴。

サステナビリティレポート

企業が行う持続可能な社会の実現に向けた活動についてまとめた報告書で、「サステナビリティ報告書」とも呼ばれる。企業の活動は、「環境や社会問題などに対して企業は倫理的な責任を果たすべきである」というCSR（企業の社会的責任)の考え方に基づいて行われている。

3K労働（職場）

「きつい・汚い・危険」の頭文字「K」3つを取った言葉で、労働条件が厳しい

職業のことを指す。3K職場、あるいは3K労働という。近年、「帰れない」「厳しい」「給与が安い」などの言葉を組み合わせて「新3K」と呼ばれることもある。3Kがブルーカラーの職場であったのに対し、新3Kは、ホワイトカラーに対して使用される呼称。「3K」と「新3K」を合わせて「6K」という使い方もみられる。

サンシャイン計画

第一次石油危機による原油価格の高騰を背景に、当時の通産省による省エネルギーの推進や、石油の代替エネルギー開発を進めることを盛り込んだ計画。1974年に策定し、この時点から2000年までの長期的戦略が立てられた。サンシャイン計画ではクリーンな次世代エネルギーとして太陽エネルギーの利用が推進されている。

シェアリングエコノミー

一般の消費者がモノや場所、スキルなどを必要な人に提供したり、共有したりする新しい経済の動きのことや、そうした形態のサービスのこと。シェアリングエコノミーは、個人同士で取引をするCtoCサービスで、事業者はあくまでマッチングの場であるプラットフォームを提供する。

ジェンダー（gender）

生物学的な性別（sex）に対して、社会的・文化的な役割としての「男女の性」を意味する語。世の中の男性と女性の役割の違いによって生まれる性別のこと。身体的特徴としての性別（sex）と対比される。

ジェンダーギャップ指数（Gender Gap Index）

男女格差を測る物差し。「経済」「政治」「教育」「健康」の4つの分野のデータをもとに作成される。2021年3月に世界経済フォーラムによって発表された「The Global Gender Gap Report 2021」において、日本は156か国中、120位。

ジェンダー平等

「社会生活を営む上で性別にかかわらず、差別なく等しく扱われること」を指す。

次世代育成支援対策推進法

次の社会を担う子供たちの健全な育成のために、地方公共団体や事業主が行わなければいけない措置を定めた法。厚生労働省により交付され、2005年4月1日から施行されている。2014年度末までの時限立法だったが、法改正が行われ、2025年2月31日までに延長。さらに以下の2点が変更された。
①一般事業主行動計画の策定義務の延長
②新たな認定制度「プラチナくるみん認定」の創設

一般事業主行動計画とは、企業が従業員の仕事と子育ての両立を推進するために作成する計画のこと。101人以上の従業員を有している企業は策定・届出を行う義務があり、100人以下の企業は努力

義務となっている。

持続可能

将来にわたって持続的・永続的に活動を営むことで、英語の「Sustainable」の訳。

省エネ法（エネルギーの使用の合理化等に関する法律）

大規模な工場・事業場にエネルギー管理を義務付けたもので、石油危機を契機に1979年に制定された。2009年4月の改正省エネ法の施行に伴い、事業者は、年間のエネルギー使用量の把握や国への届出等を行うこととなっている。2022年3月1日、エネルギー使用量の多い1万2,000社に対して非化石エネルギー使用割合の目標設定を義務付けることを閣議決定した。

女性活躍推進法

社会における女性の活躍をより一層推し進めていくための法律。正式名称は「女性の職業生活における活躍の推進に関する法律」で、2016年に施行された。企業に対し自社の女性活躍に関する状況を把握し課題分析すること、行動計画を労働局に提出し外部への公表も行うことなどを求めている。

人道支援物流

一般には「自然災害時の物資の配達と倉庫保管、被災地や人びとへの複雑な緊急事態の物流」と理解されているが、本来はより広範なものを指す。つまり、「脆弱な人々の苦しみを軽減するために、原産地から消費の時点まで、効率的で費用対効果の高い商品や材料の流れと保管、および関連情報を計画、実施、制御するプロセス」といえる。「脆弱な人々」とは、災害で苦しんでいる人々だけでなく、難民や日常的に貧困や飢餓で苦しむ人々などを含む。→Humanitarian Logistics

ステークホルダー（Stakeholder）

企業などの組織が活動を行うことで影響を受ける利害関係者のこと。具体的には、株主・経営者・従業員・顧客・取引先などが挙げられる。

製・配・販連携協議会

消費財分野におけるメーカー（製）、中間流通・卸（配）、小売り（販）の連携により、サプライチェーン・マネジメントの抜本的なイノベーション・改善を図り、もって産業競争力を高め、豊かな国民生活への貢献を目的に、2010年、発起人15社によりスタートした協議会。2021年6月時点で小売り・卸、食品・日用品メーカーを中心に52社が参加。事務局は一般財団法人流通システム開発センター内に設置されている。

船底塗料汚染

船底に海藻、貝類が付着するのを防止し、サビの発生を防止するために、船底に塗る塗料による環境汚染のこと。

総合物流施策大綱

日本の物流施策の指針を示し、関連省庁が連携をして、総合的な物流施策の推進を図ることを目的に定められたもの。1997年に初めて制定された。その後、5年に一度改定され、現在のものは第7次（2021-2025年度版）。

ソーシャルビジネス

環境・貧困などの社会的課題の解決を図るための取り組みを、持続可能な事業として展開すること。典型的な例として、低利融資を通じて貧困層の自立を支援し、ノーベル平和賞を受賞したバングラディッシュのグラミン銀行が挙げられる。

多様性（ダイバーシティ）

ビジネスにおいて使われる多様性は、性別・年齢・国籍などの属性的条件と、価値観やライフスタイルなどの思考的条件の2つがある。英語では「Diversity」。

炭素税

温暖化ガスの排出を伴う化石燃料に対し、炭素の含有量に応じてかける税金のこと。課税により価格が上がり、需要が抑制され、結果として温暖化ガス排出量を減らすことが期待される。

地球温暖化対策推進法

正式名称は「地球温暖化対策の推進に関する法律」で、1998年に成立。気候変動枠組条約の下の「京都議定書」に定められている温室効果ガス排出量の削減目標を達成するために、国、地方公共団体、事業者および国民の責務と役割を定めた法律。これまで6回の改正が行われており、2021年5月に7度目の改正案が成立し、2022年4月施行された。

デューデリジェンス法

「サプライチェーン・デューデリジェンス法（Lieferkettensorgfaltspflichtengesetz, LkSG）」。調達元の企業が自社や取引先を含めた供給網（サプライチェーン）において人権侵害や環境汚染のリスクを特定し、責任を持って予防策や是正策をとることを義務付ける法律。2021年6月25日、ドイツ連邦参議院（上院）において承認され、2023年1月1日より施行。従業員3,000人以上の企業（2023年1月1日から適用）、および従業員1,000人以上の企業（2024年1月1日から適用）が適用対象。主たる管理部門や本店、定款上の所在地がドイツ国内にある外国企業も対象となり、違反企業には罰則が科される。日本でも、法制化を視野に指針を作成中。

排出量取引制度

国や企業などが温室効果ガス排出量の上限を設け、市場を通じて排出する権利を売買する仕組み。

バラスト水

大型船舶が空荷の時に船体を安定させるために重しとして積み込む水のこと。主に海水が使われている。

フードバンク

「余っている食べ物」と「食べ物に困っている人」をつなぐ社会福祉活動。余っている食べ物を持っている支援者と、食べ物を必要としている受益者とをつなぐ役割をはたす。

フードマイル（food mileage：食料輸送距離）

食料の輸入相手国からの輸入量と、輸入国までの距離を乗じた値（トン・キロメートル）で表されるもの。なるべく近いところから食料を仕入れることで、輸送に伴うエネルギーやCO_2が削減され、その分地球環境への負荷が減るという考えから、その指標として使われる。フードマイレージともいう。

フェアトレード

開発途上国で生産される原料や製品を、適正な価格で購入し、生産者に還元する貿易の仕組みのこと。児童労働や、農薬の大量使用を防ぐための取り組み。

物流総合効率化法

正式名称は、「流通業務の総合化及び効率化の促進に関する法律」。流通業務（輸送、保管、荷さばき及び流通加工）を一体的に実施するとともに、「輸送網の集約」「モーダルシフト」「輸配送の共同化」等の輸送の合理化により、流通業務の効率化を図る事業に対する計画の認定や支援措置等を定めた法律。物流分野における労働力不足や、荷主や消費者ニーズの高度化・多様化による多頻度小口輸送の進展等に対応するため、同法に基づき、「2以上の者の連携」による流通業務の省力化及び物資の流通に伴う環境負荷の低減を図るための物流効率化の取り組みを支援することを目的に定められた。

物流の2024年問題

働き方改革関連法を受けて、2024年4月1日以降、「自動車運転の業務」に対し、年間の時間外労働時間の上限が960時間に制限されることによって発生する諸問題に対する総称。トラックドライバーの労働時間が上限960時間に制限されることによって、現在すでに社会問題化しているドライバー不足に拍車がかかり、人材不足・物流コスト増につながる懸念がある。

プラスチック資源循環促進法

プラスチック製品全般を対象に、プラスチックごみの削減やリサイクルを強化しようと制定された法律。2021年6月制定、2022年4月施行。国を挙げて、プラスチックを使った製品の設計から廃棄物処理まで、ライフサイクルにおける3R（リデュース・リユース・リサイクル）＋Renewable（再生可能）を促進しようとする法律で、2021年8月に対象となる12製品が決定された。

法令遵守

→「コンプライアンス」を参照。

ホワイト物流

生活基盤を支える物流業界の深刻な人手不足を受けて、トラック輸送の生産性向上や物流の効率化を実現し、トラック運転者の負担を減らそうという、国土交通省が主体となって取り組んでいる運動。

ポセイドン原則（Poseidon Principles）

金融機関の立場から、国際海運の脱炭素化を促進する枠組み。2019年6月、気候変動に関する取り組みを船舶融資の意思決定に組み込むための原則として発足。国際海事機関（IMO）が掲げる中長期的な温室効果ガス排出削減目標の達成に資する海運業界における気候変動対応に対し、金融面から貢献することを目的に、欧米の金融機関が中心となり設立した自主的な枠組み。署名した金融機関は、IMOの温室効果ガスの中長期削減目標を踏まえて、毎年、船舶ファイナンス全体の排出削減貢献度を算出、公表することとなっている。

マイクロプラスチック

海洋ごみの大半を占めるプラスチックごみのうち、直径5mm以下のもののこと。海を漂うプラスチックは、太陽の光があたるなどすると、もろくくずれやすくなる性質がある。

モーダルシフト

モード（輸送手段）＋シフト（変換）を足した造語で、トラック、鉄道、船舶、航空機といった輸送手段の変更を指す。ここでは、より環境にやさしい輸送手段に変更すること、つまり、トラックから鉄道や船舶に輸送手段を変更することを意味する。

モーダルシフト化率

輸送距離500km以上における産業基礎物資以外の一般輸送量のうち、鉄道または海運（フェリー含む）により運ばれている輸送量の割合。

AFS条約

海洋生物の船舶などへの付着防止のための塗料のうち、海洋環境へ悪影響を及ぼすものの使用を規制するための条約。正式名称は「船舶についての有害な防汚方法の管理に関する国際条約 International Convention on the Control of Harmful Anti-fouling Systems on Ships」。2001年10月5日にロンドンの国際海事機関（IMO）本部で採択され、2008年9月に発効した。

CCS（Carbon dioxide Capture and Storage）・CCUS（Carbon dioxide Capture, Utilization and Storage）

「CCS」は、日本語では「二酸化炭素回収・貯留」技術と呼ばれる。発電所や化学工場などから排出されたCO_2を、ほかの気体から分離して集め、地中深くに貯留・圧入するもの。「CCUS」は、分離・貯留したCO_2を利用しようというもの。

CNP（Carbon Neutral Port）

2020年10月、菅首相（当時）の「脱炭素宣言（カーボンニュートラル宣言）」を受けた、国土交通省港湾局による港湾政策。港湾におけるカーボンニュートラル実現のための指針が示されている。

CoC

Chain of Custody（加工・流通過程認証）の略。「認証木材から集積された認証材が消費者の手に届くまでの加工・流通過程」を認証する、加工・流通業者のための認証。

Cold Chain

腐敗しやすいモノおよび他の温度管理の必要な製品を、安全・健全に、よい品質の状態で生産から消費まで確実に届ける、一連の相互依存の設備およびプロセス。いい換えれば、「温度変化に敏感な製品のサプライチェーン」のこと。

COP（Conference of Parties：締約国会議）

地球温暖化対策に世界全体で取り組んでいくための国際的な議論の場のこと。2015年秋に21回目の会議がパリ（フランス）で開催されたため、この会議をCOP21またはパリ会議と呼び、そこで採択されたのがパリ協定という国際的な取り決め。COP21は主に2020年以降の温暖化対策について議論され、COP3時に採択された"京都議定書"に代わる、新たな国際枠組みを決定する重要な会議だった。2021年、英国グラスゴーで開催された第26回会合（COP26）では、1.5℃目標に向かって世界が努力することが正式に合意されたことが大きな成果。

CSR（Corporative Social Responsibility）・CSR調達（CSR Procurement）

CSRは企業の社会的責任のことで、CSR調達は社会的責任の観点から調達先の選定条件を設定したり、調達先を選定したりすること。人権や労働、環境配慮といった観点から調達方針・基準を定め、取引先とコミュニケーションをとる企業が該当する。

Diversity

→「多様性」を参照。

ESG・ESG投資

「ESG」とは、環境（Environment）、社会（Social）、ガバナンス（Governance）の頭文字を取って作られた言葉。企業が長期的に成長するためには、経営においてESGの3つの観点が必要だという考え方。この3つの観点から企業を分析して投資する姿勢が「ESG投資」。

FCV（Fuel Cell Vehicle）

燃料電池自動車のこと。FCVはFuel＝燃料、Cell＝電池、Vehicle＝自動車の頭文字。基本構造は、燃料電池内に酸素と水素を取り込み、その化学反応からの電気エネルギーでモーターを回すもの。

FM（Forest Management：森林管理認証）

「森林が責任をもって管理されているかどうか」を審査・認証する、林業関係者のための認証制度。

Food Loss & Waste

日本では、Food Loss（食品ロス）とFood Waste（食品廃棄）を一般にまとめて「食品ロス」という言い方で「まだ食べられるのに、捨てられてしまう食べ物」を意味する。厳密には、レストランや家庭で発生する「まだ食べられるのに、捨てられてしまう食べ物」を「食品廃棄」と呼び、生産・流通過程で発生する「食品の品質劣化・腐敗によるもの」である「食品ロス」とは区別されている。日本での問題は「食品廃棄」であるのに対し、開発途上国においての問題は「食品ロス」。開発途上国では、生産・流通過程で発生する「食品ロス」が全体（食品ロス＋廃棄）の90％を占めている。

FSC（Forest Stewardship Council：森林管理協議会）

責任ある森林管理を普及させるために設立された国際的な非営利団体で、森林の利用や木材二次加工品の製造に関わる団体へFSC森林認証を行っている。FSC森林認証には次の２種類がある。①「FM（Forest Management、森林管理）認証」＝責任ある森林管理がなされているかを審査・認証する。②「CoC（Chain of Custody、加工・流通過程）認証」＝FM認証森林から得られた認証材が加工から消費者に届くまでの流通の過程を認証する。FSC森林認証のポイントは、森林の生育から製品が消費者に届くまでの過程に関わる人や組織が認証対象になる点で、いわば、木の「履歴書」が作られる仕組み。

GGI（Gender Gap Index）

→「ジェンダーギャップ指数」を参照。

GHG（Greenhouse Gas）

温室効果ガス。「地球温暖化対策の推進に関する法律」の中で、二酸化炭素、メタン、一酸化二窒素、代替フロン等の７種類のガスが温室効果ガスとして定められている。

Humanitarian Logistics

→「人道支援物流」を参照。

IPCC（Intergovernmental Panel on Climate Change：気候変動に関する政府間パネル）

世界気象機関（WMO）及び国連環境計画（UNEP）により1988年に設立された政府間組織で、195の国と地域が参加している（2021年8月現在）。IPCCの目的は、各国政府の気候変動に関する政策に科学的な基礎を与えること。

NGO（non-governmental organizations：非政府組織）

外務省は、「貧困、飢餓、環境など、

世界的な問題に対して取り組む市民団体であれば、NGOと呼ぶことができる」といっている。NGOに似た存在のNPOはNon-Profit Organizationの略で、「非営利団体」と訳され、営利を目的としない市民による組織を指す。一般的に、日本では国際的に活動する場合をNGO、国内で活動する組織をNPOと呼ぶ傾向がある。

ODA（Official Development Assistance：政府開発援助）

「開発途上地域の開発を主たる目的とする政府及び政府関係機関による国際協力活動」を開発協力という。そのための公的資金をODAといい、政府または政府の実施機関はODAによって、平和構築やガバナンス、基本的人権の推進、人道支援等を含む開発途上国の「開発」のため、開発途上国または国際機関に対し、資金（贈与・貸付等）・技術提供を行う。

PEFC（Programme for the Endorsement of Forest Certification Scheme：PEFC森林認証制度相互承認プログラム）

世界各国の森林認証制度との相互承認を行う国際認証組織として活動している。

PPA（太陽光発電の第三者所有モデル）

「Power Purchase Agreement（電力販売契約）」の略で、施設所有者が提供する敷地や屋根などのスペースに、太陽光発電設備の所有、管理を行う会社（PPA事業者）が設置した太陽光発電システムで発電された電力をその施設の電力使用者へ有償提供する仕組み。

SAF（Sustainable Aviation Fuel）

持続可能な航空燃料。植物や廃油などから作ったバイオ燃料で、従来の原油から作る燃料と比べて二酸化炭素の排出量を80％程度減らせるとされている。航空分野の脱炭素に向けた切り札として注目されている。

SGEC（Sustainable Green Ecosystem Council：緑の循環認証会議）

2003年、国内の林業団体・環境NGOなどにより発足した、日本独自の森林認証を行う機関。

SDGs（Sustainable Development Goals）

「エスディージーズ」と発音し、日本語では「持続可能な開発目標」と訳されている。国連の「持続可能な開発サミット」（2015年9月、ニューヨーク開催）で150を超える加盟国首脳の参加のもと、その成果文書として採択された文書の一連の目標とターゲット（解決すべき課題）のこと。SDGsをわかりやすくいえば、持続可能な社会を実現するために、2016年から2030年までに私たちが取り組むべき目標を具体的に示したもの。

SDG Compass

SDGs導入のための企業の行動指針。企業がSDGsをビジネスとして取り込むための手順として、①SDGsの理解、②優先課題を決定、③目標を設定、④経営へ統合、⑤報告とコミュニケーション、の5つのステップを掲げている。

SDGs Wash

SDGs Wash（ウォッシュ）とは、実態が伴っていないのにSDGsに取り組んでいるように見せかけている状態を指す。実際にはエコではないにもかかわらず、環境に配慮しているイメージを与えて消費者を誤解させることを「グリーンウォッシュ」と言い、この言葉がもとになってできた造語。

SLL（Sustainable Link Loan）

事前に設定された、借り手によるSDGsやESG戦略に整合する野心的な、サステナビリティ・パフォーマンス目標の達成に応じて金利などが変動する融資のこと。

SOLAS条約（海上人命安全条約）

1912年のタイタニック号海難事故を受けて制定された、船舶の安全確保を目的とする国際条約。

TCFD（Task Force on Climate-related Financial Disclosures：気候関連財務情報開示タスクフォース）

2015年、世界の中央銀行や金融当局からなる金融安定理事会によって設立。2017年、企業や金融機関に対して気候変動が財務に与える影響を分析・開示するよう求める提言を出した。2022年3月25日時点で、TCFDの提言に賛同する企業・金融機関は3147で、そのうち日本は758と最多。

UNFCCC（United Nations Framework Convention on Climate Change）

→「国連気候変動枠組条約」を参照。

WFP（World Food Program）

国連世界食糧計画。国連の食料支援機関のこと。

WWF（World Wide Fund for Nature：世界自然保護基金）

100か国以上で活動している環境保全団体。1961年スイスで設立。急激に失われつつある生物多様性の豊かさの回復と、地球温暖化防止のための脱炭素社会の実現に向けて、希少な野生生物の保全や、持続可能な生産と消費の促進を行っている。

参考文献

- 松原恭司郎『図解ポケット　SDGsがよくわかる本』秀和システム（2019）
- 原貫太『あなたとSDGsをつなぐ「世界を正しく見る」習慣』KADOKAWA（2021）
- 松木喬『SDGs経営 "社会課題解決" が企業を成長させる』日刊工業新聞社（2019）
- 笹谷秀光『Q&A SDGs経営』日本経済新聞出版（2019）
- 笹谷秀光監修『SDGs見るだけノート』宝島社（2020）
- 高橋真樹『日本のSDGs』大月書店（2021）
- 村上芽・渡辺珠子『SDGs入門』日本経済新聞出版（2019）
- 泉貴嗣『SDGs実践入門』技術評論社（2020）
- 宮本弘曉『101のデータで読む日本の未来』PHP新書（2022）
- 森隆行他『コールドチェーン』晃洋書房（2013）
- 国際時事アナリスツ編『SDGsのざっくり知識』河出書房新社（2021）
- 竹下隆一郎『SDGsがひらくビジネス新時代』ちくま新書（2021）
- 渋谷正信『地域や漁業と共存共栄する洋上風力発電づくり』KKロングセラーズ（2021）
- 日本船舶海洋工学会『海洋へのいざない（第2版)』(2021)
- 日本船主協会『海運統計要覧2019』(2019)
- 日本物流団体連合会「数字でみる物流」(2021年度版)
- 江田健二『2025年「脱炭素」のリアルチャンス』PHPビジネス新書（2022）
- 安居昭博『サーキュラーエコノミー実践』学芸出版社（2021）
- チャールズ・グッドハート／マノジ・プラダン（澁谷浩訳)『人口大逆転』日本経済新聞出版（2022）
- 国際連合　https://unstats.un.org/sdgs/indicators/indicators-list/
- 経済産業省関東経済産業局「中小企業SDGs認知度・実態等調査」https://www.kanto.meti.go.jp/seisaku/sdgs/data/2_02_2020fy_tyusyokigyou_sdgsnintidochousa.pdf
- 川崎陸送株式会社　https://www.krt.tokyo/ksw/
- アート引越センター株式会社　https://www.the0123.com/company/sdgs.html
- 株式会社トランス　https://www.trans.co.jp/column/knowledge/license_mark/
- レンゴー株式会社　https://www.rengo.co.jp/sustainability/sdgs/index.html
- WWF　Japan　https://www.biodic.go.jp/biodiversity/about/initiatives3/files/meetingdata/1227_1_2.pdf

・機能紙選定ナビ　https://www.tamura1753.jp/Functional-Paper-Selection/environment/
・WFP　https://ja.wfp.org/news/shenkehuasurufenzhengdeyunojie
・株式会社TBM　https://tb-m.com/
・段ボールリサイクル協議会　http://www.danrikyo.jp/publics/index/106/
・全国地球温暖化防止活動推進センター　https://www.jccca.org/download/13327
・一般財団法人地球産業文化研究所　https://www.gispri.or.jp/research/unfccc/about_unfccc
・消費者庁「倫理的消費（エシカル消費）」に関する消費者意識調査報告書」https://www.caa.go.jp/policies/policy/consumer_education/public_awareness/ethical/investigation/assets/consumer_education_cms202_210323_01.pdf
・東急電鉄株式会社　https://tokyugroup.jp/sdgs/train/?msclkid=39362c3ac07b11eca397a1aad920e800
・厚生労働省　https://www.mhlw.go.jp/stf/houdou/0000114100.html?msclkid=04d93bdfc20c11eca7d9b62833a5173a
・海洋政策研究所第157号【Ocean Newsletter】(2007.02.20)　https://www.spf.org/opri/newsletter/157_3.html
・浜銀総合研究所機関紙「Best Partner」2019年7月号
・株式会社渋谷潜水工業　http://www.shibuya-diving.co.jp/publics/index/33/
・経済産業省エネルギー庁　https://www.enecho.meti.go.jp/about/pamphlet/energy2020/003/
・経済産業省　https://www.meti.go.jp/shingikai/sankoshin/sangyo_gijutsu/chikyu_kankyo/ondanka_wg/pdf/003_03_00.pdf
・全日本トラック協会https://www.meti.go.jp/shingikai/mono_info_service/carbon_neutral_car/pdf/002_09_00.pdf
・株式会社野村総合研究所　https://www.nri.com/jp/

森 隆行（もり たかゆき）

流通科学大学名誉教授

1952 年徳島県生まれ。大阪市立大学商学部卒業。1975 年に大阪商船三井船舶株式会社に入社し、大阪支店輸出二課長、広報課長、営業調査室室長代理を務める。AMT freight GmbH（Deutschland）社長、商船三井営業調査室主任研究員、東京海洋大学海洋工学部海事システム学科講師（兼務）、青山学院大学経済学部非常勤講師（兼務）、流通科学大学商学部教授を経て現在に至る。タイ王国タマサート大学客員教授、神戸大学海事科学研究科国際海事センター客員教授、タイ王国マエファルーン大学特別講師なども務める。

著書に『新訂 外航海運概論』（成山堂書店）、『物流の視点からみた ASEAN 市場』(カナリアコミュニケーションズ）、『現代物流の基礎 第 3 版』（同文舘出版）、『市民の港 大阪港一五〇年の歩み』『水先案内人』（晃洋書房）、『神戸港 昭和の記憶』（神戸新聞総合出版）などがある。

ビジネスパーソンのための「物流」基礎知識

物流とSDGs

2023年 5 月 11 日初版発行

著　者──森 隆行

発行者──中島豊彦

発行所──同文舘出版株式会社

　　　　東京都千代田区神田神保町 1-41　〒 101-0051
　　　　電話　営業 03（3294）1801　編集 03（3294）1802
　　　　振替 00100-8-42935
　　　　http://www.dobunkan.co.jp/

©T. Mori

印刷／製本：三美印刷

ISBN978-4-495-54110-1

Printed in Japan 2023